HERNANDES DIAS LOPES
O GRANDE EU SOU

7 PODEROSAS DECLARAÇÕES DE JESUS SOBRE SI MESMO

© 2023 por Hernandes Dias Lopes

1ª edição: setembro de 2023

Edição de texto
Daila Fanny

Revisão
Ana Mendes
Equipe Hagnos

Diagramação
Letras Reformadas

Capa
Julio Carvalho

Editor
Aldo Menezes

Coordenador de produção
Mauro Terrengui

Impressão e acabamento
Imprensa da Fé

As opiniões, as interpretações e os conceitos emitidos nesta obra são de responsabilidade do autor e não refletem necessariamente o ponto de vista da Hagnos.

Todos os direitos desta edição reservados à

Editora Hagnos Ltda.
Rua Geraldo Flausino Gomes, 42, conj. 41, São Paulo, SP
CEP 04575-060
Tel.: (11) 5990-3308

E-mail: hagnos@hagnos.com.br
Home page: www.hagnos.com.br

Editora associada à:

Dados Internacionais de Catalogação na Publicação (CIP)
Angélica Ilacqua CRB-8/7057

Lopes, Hernandes Dias

O Grande Eu Sou: 7 poderosas declarações de Jesus sobre si mesmo / Hernandes Dias Lopes. São Paulo: Hagnos, 2023.

ISBN 978-85-7742-439-9

1. Jesus Cristo – Ensinamentos
I. Título

23-4685   CDD 232.954

Índices para catálogo sistemático:
1. Jesus Cristo - Ensinamentos

DEDICATÓRIA

Dedico este livro ao Reverendo Ceny Tavares, amigo precioso e pastor da Igreja Vida Nova em Toronto, Canadá. Homem de Deus, servo do Altíssimo, amigo mais chegado que irmão, encorajador dos santos..

SUMÁRIO

Introdução 7

1. Eu Sou o Pão da Vida 11
2. Eu Sou a Luz do Mundo 41
3. Eu Sou a Porta das Ovelhas 63
4. Eu Sou o Bom Pastor 83
5. Eu Sou a Ressurreição e a Vida 105
6. Eu Sou o Caminho, a Verdade e a Vida 127
7. Eu Sou a Videira Verdadeira 149

Conclusão 171
Referências bibliográficas 174

INTRODUÇÃO

A MELHOR MANEIRA de explicar algo complexo não é por meio de palavras, mas de figuras e imagens. Vivemos no mundo das imagens. Imagens falam mais que palavras. Uma figura vale mais do que mil palavras. Por isso, Jesus de Nazaré, o maior mestre de todos os tempos, usou figuras e imagens para ilustrar seus grandes conceitos. Quando Jesus quis falar sobre a influência da igreja no mundo, não fez um discurso rebuscado com palavras eruditas, mas evocou a figura do sal e da luz. Quando Ele quis tratar do princípio da humildade, não citou os grandes corifeus e luminares da filosofia grega, mas pegou uma criança e a pôs em seu colo, dizendo que quem não se fizesse como uma criança jamais entraria no reino dos céus.

Da mesma forma, quando Jesus quis falar de sua imprescindibilidade para o homem, disse de si mesmo: "Eu sou o Pão da Vida", "Eu sou a Luz do mundo", "Eu sou a Porta das Ovelhas", "Eu sou o Bom Pastor", "Eu sou a Ressurreição e a Vida", "Eu sou o Caminho, a Verdade e a Vida" e "Eu Sou a Videira Verdadeira". Essas sete declarações de Jesus levam-nos inconfundivelmente à conclusão de que Ele verdadeiramente é o Filho de Deus.

O propósito de João em seu Evangelho foi deixar claro que Jesus é o Filho de Deus, levar seus leitores contemplarem a pessoa e a obra de Cristo, a fim de colocarem nele sua fé (20:31) como condição indispensável para receber a vida eterna. Bruce Milne afirma corretamente que o Evangelho de João é explicitamente o mais teológico dos quatro.[1] Desde o prólogo, João antecipa o conteúdo de todo o seu livro, mostrando-nos que Jesus é o Verbo eterno, pessoal e divino. Aquele que tem vida em si mesmo é o criador do universo. Sem descrever o nascimento de Jesus e sua infância, João apenas nos informa que o Verbo divino se fez carne e habitou entre nós.

Para provar essa verdade indubitável, João seleciona sete afirmações de Jesus, que remetem os leitores à revelação que Deus fez de si mesmo a Moisés no monte Sinai. O Senhor apareceu a Moisés na sarça ardente e o enviou ao Egito para libertar seu povo da escravidão. Moisés perguntou ao Senhor: "Qual é o seu nome?" Ele respondeu: "Eu Sou o que Sou" (Êxodo 3:14). Deus é autoexistente e não depende de ninguém. Ele é completo em si mesmo. Tem vida em si mesmo.

Jesus se identifica como o Grande Deus que apareceu a Moisés no monte santo. Para provar sua tese que Jesus Cristo é Deus, João selecionou sete declarações de Jesus, usando o nome Eu Sou:

---

[1] MILNE, Bruce. *The Message of John*, p. 25.

INTRODUÇÃO

- Eu Sou o Pão da Vida (João 6:35).
- Eu Sou a Luz do Mundo (João 8:12).
- Eu Sou a Porta das Ovelhas (João 10:7).
- Eu Sou o Bom Pastor (João 10:11).
- Eu Sou a Ressurreição e a Vida (João 11:25-26).
- Eu Sou o Caminho, a Verdade e a Vida (João 14:6).
- Eu Sou a Videira Verdadeira (João 15:1).

Jesus fez as obras de Deus e tem os mesmos atributos de Deus. Ele é o Deus eterno, imutável, onipotente, onipresente e onisciente. Ele é o Verbo que se fez carne. Sendo o Pão da Vida, só Ele satisfaz. Sendo a Luz do Mundo, só Ele nos guia em segurança. Sendo a Porta, só nele encontramos salvação. Sendo o Bom Pastor, só Ele deu sua vida pelas ovelhas. Sendo a Ressurreição e a Vida, só Ele liberta da morte. Sendo o Caminho, e a Verdade, e a Vida, só Ele nos reconcilia com Deus. Sendo a Videira Verdadeira, só nele podemos dar frutos.

Recorrendo às conhecidas palavras de C. S. Lewis, em relação a Jesus, só temos três opções: ou Ele é um mentiroso, ou é um lunático, ou é Deus. Se Jesus não é quem disse ser, então é um mentiroso; se não é quem pensou ser, então é um lunático. Mas, se Jesus é quem disse ser, então Ele é Deus!

Que este livro o conduza ao reconhecimento dessa verdade insofismável e que ele o conduza a se aproximar com reverência, temor e tremor daquele que é tudo em todos, hoje e para sempre. Amém!

Hernandes Dias Lopes

Capítulo um

EU SOU O PÃO DA VIDA

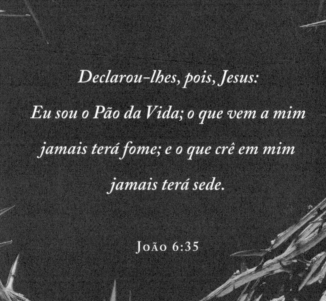

Declarou-lhes, pois, Jesus: Eu sou o Pão da Vida; o que vem a mim jamais terá fome; e o que crê em mim jamais terá sede.

João 6:35

O SERMÃO SOBRE o Pão da Vida vem na esteira do milagre da multiplicação dos pães. Neste, Jesus alimentou o povo faminto; naquele, Ele lhes deu a Palavra de Deus. Após este, as multidões se mobilizaram para segui-lo, porque "comeram do pão e ficaram satisfeitos"; após aquele, quase todos abandonaram Jesus e se recusaram a andar com Ele.[1] O povo queria a comida, mas não a verdade. Seus discípulos, porém, representados por Pedro, entenderam que a vida eterna poderia ser encontrada nas palavras do Mestre, e não no alimento que perece.

UMA MULTIDÃO ALIMENTADA

O capítulo 6 de João começa com Jesus perto do mar da Galileia. Jesus está indo com seus discípulos para o lado oriental do lago, a uma região conhecida como montanhas de Golã. Os Evangelhos mencionam pelo menos dois motivos para esse retiro. Primeiro, eles andavam muito atarefados com as demandas variegadas das multidões e nem sequer tinham tempo para

---

[1] WIERSBE, Warren W. *Comentário bíblico expositivo*, p. 400.

comer. Segundo, estavam abatidos com a notícia trágica da morte de João Batista, por ordem do rei Herodes.

Ao desembarcarem, porém, eles se deparam com uma numerosa multidão que procura Jesus porque tinha visto os sinais que Ele fazia, curando enfermos. A multidão que desabala de Cafarnaum e arredores para encontrar Jesus naquela região deserta não o busca movida pela fé genuína. Ela o vê apenas como um operador de milagres. Busca-o como alguém que pode ajudá-la em suas necessidades imediatas. Mesmo assim, dizem os Evangelhos, Jesus sentiu compaixão dessa multidão, pois eram como ovelhas sem pastor. Ele passou a ensiná-la e a curar seus enfermos. Esse momento de cuidado e ensino culminou na primeira multiplicação dos pães, um dos únicos dois milagres registrado nos quatro Evangelhos.

No fim daquele dia de maravilhas, os discípulos entram no barco por ordem de Jesus. Atrás, ficavam Jesus e a multidão. No barco, ia a rebarba da multiplicação: os doze cestos cheios. Logo que iniciam a viagem rumo a Cafarnaum, algo estranho começa a acontecer. O tempo muda repentinamente. O vento encurralado pelas montanhas de Golã de um lado e pelas montanhas da Galileia do outro levanta as ondas que açoitam o frágil batel dos discípulos. A embarcação oscila de um lado para o outro sem obedecer a nenhum comando. O perigo é iminente. A ameaça é real. O naufrágio parecia inevitável.

Quando já estão nocauteados pelo problema, com a esperança morta, os discípulos veem Jesus andando sobre o mar, aproximando-se do barco. Jesus chega na hora da crise mais aguda, acalma os discípulos e o mar. Entra e todos chegam salvos e seguros ao seu destino, Cafarnaum.

Então, no dia seguinte, a multidão que havia ficado do outro lado do mar não encontra Jesus, embora soubesse que este não havia partido com seus discípulos na noite anterior. Provavelmente sabedores de que Jesus despedira seus discípulos para Cafarnaum, os judeus tomam barcos para a cidade e saem em busca de Jesus. Eles o encontram na sinagoga de Cafarnaum, e lá Jesus profere o sermão sobre o Pão da Vida.

OS JUDEUS INTERROGAM JESUS

Quando a multidão encontra Jesus, movida pela curiosidade lhe faz a primeira de uma série de perguntas que se estende pelo capítulo: "Rabi, quando chegaste aqui?" (João 6:25). Carson aponta que eles se dirigem a Jesus como *rabi*, um título estendido a homens de respeito, reconhecidos publicamente como mestres de assuntos divinos.[2] Porém, ao chamarem-no de *rabi*, a multidão trai sua confusão e incerteza, pois logo estaria duvidando de seu ensino. Da mesma forma, queriam proclamá-lo rei à força (João 6:15), embora entendessem pouco da natureza de seu reinado.[3] Concordo com William Hendriksen quando ele diz que João 6 revela, talvez mais claramente do que qualquer outra porção das Escrituras, o

---

[2] CARSON, D. A. *The Gospel According to John*, p. 155.
[3] CARSON, D. A. *The Gospel According to John*, p. 283.

tipo de Messias que o povo queria, ou seja, alguém que tudo fizesse a fim de lhes suprir as necessidades físicas e tivesse poder para tanto.[4]

Assim, em vez de responder à pergunta feita, Jesus lança uma acusação aos interlocutores: "Em verdade, em verdade vos digo que me buscais, não porque vistes sinais, mas porque comestes do pão e ficastes satisfeitos" (João 6:26). Werner de Boor alerta sobre o fato de que a fé que brota da experiência de milagres carrega o perigo da deformação e não possui raízes suficientemente profundas diante de provações severas.[5] Desse modo, não apenas a fé que a multidão tinha em Jesus era insuficiente, mas também suas esperanças sobre o futuro eram infundadas. Charles Erdman diz que a fé em Jesus atingira o auge naquele povo, mas não era verdadeira fé; tratava-se apenas da crença nele como um realizador de milagres. As multidões eram levadas, por essa crença, a esperar uma série de prodígios que a acudiria em seus sofrimentos físicos e nas aperturas sociais em que vivia, e ainda lhe assegurariam independência política.[6]

Depois da acusação solene, Jesus dá uma ordem expressa aos que o procuram: "Trabalhai não pela comida que se acaba, mas pela comida que permanece para a vida eterna, a qual o Filho do homem vos dará. Deus, o Pai, o aprovou, pondo nele o seu selo" (João 6:27). Jesus quer direcionar a atenção dos

---

[4] HENDRIKSEN, William. *João*, p. 284.
[5] BOOR, Werner de. *Evangelho de João I*, p. 121.
[6] ERDMAN, Charles. *O evangelho de João*, p. 56.

judeus, que estavam interessados apenas nas coisas terrenas, às realidades espirituais, mostrando que as coisas espirituais são mais urgentes e mais importantes do que as temporais e terrenas. Era atrás dessas coisas que deveriam ir. No Sermão do Monte, Jesus expressa essa ordem de outra forma:

> Portanto, não vos inquieteis, dizendo: Que comeremos? Que beberemos? Com que nos vestiremos? Pois os gentios é que procuram todas essas coisas. E, de fato, vosso Pai celestial sabe que precisais de tudo isso. Mas buscai primeiro o seu reino e a sua justiça, e todas essas coisas vos serão acrescentadas (Mateus 6:31-33).

A segunda pergunta dos judeus vem, então, como um pedido de esclarecimento: "Que faremos para realizar as obras de Deus?" (João 6:28). Uma vez que a ordem de Jesus era para trabalharem pela comida que não perece, eles querem saber como fariam esse trabalho. Jesus responde de forma surpreendente: "A obra de Deus é esta: Crede naquele que Ele enviou" (João 6:29).

A salvação não é uma obra que fazemos para Deus, mas uma obra que Deus fez por nós. Não alcançamos a vida eterna por aquilo que fazemos para Deus, mas pela fé que depositamos no Filho de Deus, que fez tudo por nós. O evangelho é um convite de Deus ao homem, uma oferta de salvação, uma dádiva imerecida, um presente do céu.

Todas as religiões do mundo são uma tentativa do ser humano de alcançar a Deus. Todas falam do esforço humano de chegar até a Deus através dos seus esforços, méritos e obras. Elas representam os caminhos que as pessoas procuram abrir na direção de Deus. Cristo não é o caminho aberto da terra ao céu, mas, sim, o caminho aberto do céu à terra. Não é o ser humano buscando Deus, mas Deus buscando o ser humano. Não podemos encontrar a Deus por si mesmo. A não ser que Deus tomasse a iniciativa na obra da salvação, toda a humanidade estaria irremediavelmente perdida.

Quando Jesus diz que os judeus deveriam crer nele, estes fazem uma terceira pergunta, dupla: "Que sinal fazes, para que o vejamos e creiamos em ti? Que realizas?" e argumentam: "Nossos pais comeram o maná no deserto, como está escrito: Deu-lhes pão do céu para comer" (João 6:30-31). Eles não querem Jesus, querem pão. Eles não querem ouvir a verdade, querem ver sinais.

Jesus responde à pergunta insincera deles, corrigindo-lhes o entorpecido entendimento e dizendo que não foi Moisés quem deu a eles o pão do céu, pois o verdadeiro Pão do Céu só lhes é concedido pelo Pai. O pão que Moisés deu era apenas um símbolo do pão verdadeiro, aquele que desce do céu e dá vida ao mundo (João 6:32-33).

Os judeus, porém, não compreendiam o que Jesus falava. Depois de interpelarem o Senhor três vezes, agora eles lhe fazem um pedido desprovido de entendimento: "Senhor, dá-nos sempre desse pão" (João 6:34). É o mesmo pedido que a samaritana fez junto ao poço em Sicar: "Senhor, dá-me dessa água, para que eu não tenha mais sede, nem tenha de vir aqui tirá-la" (João 4:15). Ela, como os judeus, não havia entendido a linguagem espiritual de Jesus. Naquele encontro, Ele não falava da água de um poço; neste, Ele não fala do pão físico. O Senhor aponta, com essas comparações, para a realidade de que as coisas deste mundo não satisfazem. Nada que o ser humano jogue para dentro do coração satisfaz. A água do poço, o maná do deserto nem o pão multiplicado não satisfazem para sempre. Eles ficam fora da alma e não são capazes de satisfazer as necessidades do coração.

O PÃO DA VIDA

Jesus, então, faz a aberta declaração: "Eu sou o Pão da Vida" (João 6:35), que emenda com uma solene promessa: "quem vem a mim jamais terá fome, e quem crê em mim jamais terá sede". Jesus é tudo de que o coração humano necessita. Jesus veio para se dar, para que as pessoas vivam através dele.

Jesus está usando a imagem do pão para se referir ao que sustenta a vida física do ser humano. Comer é uma necessidade física básica. Nosso corpo precisa ser alimentado. Ele reclama por isso. Só um corpo surrado pela doença perde o apetite. Comer é também um deleite, dá prazer. E Deus é tão criativo que além de criar uma infinidade de gêneros alimentícios, colocou sabores diferentes neles, dando-nos o paladar para distingui-los. Assim, temos uma variedade fantástica de cores, sabores e prazer nos alimentos.

No entanto, o ser humano não possui fome apenas física. Seu espírito também precisa de alimento. Só há um pão capaz de saciar essa fome interior: o Pão da Vida, o pão que desce dos céus. Esse é o alimento para a vida espiritual.

No Antigo Testamento, essa fonte de alimento espiritual era a lei. Os mestres judeus costumavam chamar a lei de Deus de "pão".[7] O salmista comparou a Palavra de Deus ao alimento mais saboroso que havia na época, o mel, e conclui que ela é ainda mais doce (Salmos 19:10). A Palavra é mais gostosa e nutritiva que os alimentos. Ela dá mais prazer do que o alimento mais saboroso. Ela é mais necessária que o pão. É o verdadeiro alimento que sustenta. Jesus disse a Satanás no deserto: "Nem só de pão o homem viverá, mas de toda palavra que sai da boca de Deus" (Mateus 4:4).

A lei, porém, apontava para além de si mesma. Paulo disse que a lei se tornou "guia para nos conduzir a Cristo" (Gálatas 3:24). João, no início de seu Evangelho, apresenta Jesus como o Verbo que se fez carne (João 1:14). Portanto, Jesus é a própria Palavra de Deus! Ele é, dessa forma, a plenitude da palavra que alimenta e dá vida.

Há ainda outra ilustração a que esse texto se refere. Quando Deus conduziu o povo pelo deserto, alimentou-o milagrosamente por quarenta anos com o maná. Era o alimento diário,

---

[7] CARSON, D. A. *The Gospel According to John*, p. 286.

o "pão nosso de cada dia". Logo, eles começaram a murmurar, sentindo saudades das panelas de carne, dos alhos, das cebolas, dos pepinos e dos melões do Egito. Mas Deus teve o propósito de tirar deles o paladar do Egito, por isso não variou a alimentação durante quarenta anos. Eles deveriam desenvolver um novo paladar. Por isso Deus os provou e os humilhou no deserto. Aqui, Jesus mostra que aquele maná imperfeito era um símbolo do pão perfeito. Precisamos ter fome desse Pão do Céu.

O maná, porém, era imperfeito: estragava com o tempo, e também quem o comeu perecia com o tempo. Uma de suas principais funções era servir como um tipo do verdadeiro Pão do Céu.[8] Deus, que dera aos hebreus, no deserto, o pão que caía do céu a fim de sustentar a vida em seus corpos, agora lhes dada o verdadeiro pão que traria salvação a suas almas. Tanto o maná como os pães e peixes que a multidão comera no dia anterior eram comida material, embora tivessem vindo do céu.[9] Todos esses elementos apontavam para Jesus, o verdadeiro Pão do Céu, que é aquele que oferece vida eterna.

Diferentemente do pão que os judeus pediam, e da água que a samaritana buscava, o alimento que Jesus promete sacia de modo pleno. Quando os judeus pediram "dá-nos *sempre* desse pão", estavam sugerindo que o pão do céu era algo que necessitasse ser dado de novo e de novo. Mas Jesus, ao prometer

---

[8]CARSON, D. A. *O comentário de João*, p. 288.
[9]BRUCE, F. F. *João*, p. 138.

que quem cresse nele "jamais [teria] fome", revela que Ele mesmo sacia toda fome da alma faminta e toda sede do coração sedento, e o faz de uma vez por todas.[10]

Isso não quer dizer que nos tornamos independentes de Jesus após termos sido saciados por Ele. Uma das declarações posteriores de Jesus, "Eu sou a Videira Verdadeira" (João 15:1) aponta que é preciso estar ligado a Ele para continuar a ter vida, pois Ele é a fonte. Não há vida em nós mesmos. Portanto, ao dizer que não haverá mais sede nem fome, Jesus afirma que não haverá mais vazio na alma que o encontra e nele se sacia.[11]

QUATRO ADVERTÊNCIAS

Antes de prosseguir no seu discurso, Jesus faz quatro advertências soleníssimas.

Em primeiro lugar, *o ser humano é totalmente incapaz de ir a Cristo por si mesmo*: "Mas como já vos disse, vós me tendes visto e mesmo assim não credes" (João 6:36). Os judeus haviam visto Jesus providenciar alimento para a multidão, mas não compreenderam, pela fé, o verdadeiro significado do que Ele havia feito. Haviam ido até Ele, mas porque o viram como um homem poderoso e um provável rei. Eles não creram em Jesus no único sentido que importava: o Messias enviado por Deus.[12]

---

[10] CARSON, D. A. *The Gospel According to John*, p. 288.
[11] CARSON, D. A. *The Gospel According to John*, p. 288.
[12] BRUCE, F. F. *João*, p. 139.

Jesus ensina que o ser humano é incapaz de crer por si mesmo. Ele vive em um estado de inabilidade total. A não ser que Deus tire de seus olhos a venda e de seus ouvidos o tampão, jamais conseguirá ver e ouvir. A não ser que Deus tire seu coração de pedra, jamais terá condições de sentir. A não ser que Deus o ressuscite espiritualmente, jamais receberá vida.

Em segundo lugar, *a salvação é resultado da eleição incondicional de Deus*: "Todo aquele que o Pai me dá" (João 6:37). "A cegueira humana não pode frustrar a obra salvadora de Deus", diz F. F. Bruce.[13] Apesar de muitos não crerem, os propósitos salvíficos de Deus não podem ser frustrados. Isso porque a salvação não é uma escolha que nós fazemos por Deus, mas uma escolha que Deus faz por nós. Não somos nós que escolhemos Deus; é Deus quem nos escolhe. A fé não é a causa da eleição, mas sua consequência; a eleição é a mãe da fé. Só vai a Jesus aqueles que o Pai lhe dá.

Em terceiro lugar, *o chamado eficaz de Deus para a salvação é invencível*: "Todo aquele que o Pai me dá virá a mim" (João 6:37). Ninguém pode ir a Cristo se isso primeiro não lhe for dado por Deus, e todo aquele que o Pai dá a Cristo irá a Ele. Ou seja, o mesmo Deus que elege é também o Deus que chama, e chama eficazmente. Assim, a certeza de Jesus quanto à resposta dos escolhidos pelo Pai não repousa na provável boa-vontade de

---

[13] BRUCE, F. F. *João*, p. 139.

pessoas bem-intencionadas. Longe disso: Ele confia nos propósitos redentivos do Pai.[14]

Em quarto lugar, *a salvação dos que vão a Cristo é garantida*: "e de modo algum rejeitarei quem vem a mim" (João 6:37). Quando uma pessoa vai a Cristo, descobre que Cristo assume toda a responsabilidade por sua salvação completa e definitiva. Ele não a despede quando ela se achega nem a rejeita depois.[15] A vontade expressa do Pai é que todo aquele que procure Cristo não se perca, mas tenha a vida eterna (João 6:39-40). Concordo com F. F. Bruce quando este diz que "Nenhum crente precisa ter medo de ser esquecido na multidão de companheiros na fé. A comunidade como um todo e cada membro da comunidade individualmente foram dados pelo Pai ao Filho, e serão guardados em segurança pelo Filho".[16] A salvação é obra de Deus do início ao fim. O mesmo Deus que a planejou na eternidade e a executa na História, irá consumá-la na volta de Cristo.

OS JUDEUS CRITICAM JESUS

O segundo discurso de Jesus sobre o Pão da Vida emerge de uma murmuração dos judeus. Suas críticas mostram que possuíam o mesmo espírito de seus pais, que reclamaram no

---

[14] CARSON, D. A. *The Gospel According to John*, p. 290.
[15] BRUCE, F. F. *João*, p. 139.
[16] BRUCE, F. F. *João*, p. 140.

deserto antes e depois de terem recebido o maná do céu (cf. Êxodo 16:2-4; Números 11:4-6).[17] Destacamos nesse segundo discurso de Jesus cinco pontos importantes.

Em primeiro lugar, *uma procedência celestial*. Os judeus passaram a criticar Jesus tão logo este afirmou ser o pão que desceu do céu (João 6:41). Não foi tanto a afirmação de ser pão que ofendeu os judeus, mas o fato de Jesus dizer que Ele é o pão que *desceu dos céus*. Essa afirmação é feita por Jesus: "Pois desci do céu, não para fazer a minha vontade, mas a daquele que me enviou" (João 6:38). Os judeus viam os milagres de Jesus, mas ainda não criam que Ele vinha do céu, que era o Filho de Deus, o verdadeiro Pão da Vida.

Em segundo lugar, *um conhecimento limitado*. Os judeus pensavam saber perfeitamente qual era a procedência de Jesus. Chocaram-se ao ouvirem de um homem, cuja família conheciam bem, uma declaração como esta: "pois desci do céu". Os judeus pensavam saber tudo sobre a paternidade de Jesus, designando-o como "filho de José", mas ignoravam sua origem divina. Não tinham nenhuma dificuldade de aceitar a perfeita humanidade de Jesus; mas não conseguiam entender sua perfeita natureza divina. Estavam certos quanto à sua família terrena, mas nada compreendiam acerca de sua procedência celestial. Quanto a isso, Jesus lhes adverte: "Não me critiqueis", pois a murmuração não os levaria à verdade. Ainda pior: ela

---

[17] CARSON, D. A. *The Gospel According to John*, p. 292.

os distrairia da graça de Deus.[18] O apóstolo Paulo alerta os crentes de Corinto quanto aos perigos da murmuração, usando como exemplo os hebreus no deserto: "E não murmureis, como alguns deles murmuraram, e foram mortos pelo destruidor" (1Coríntios 10:10).

Em terceiro lugar, *uma incapacidade absoluta*. Jesus deixa claro para os murmuradores judeus que sua incredulidade tem que ver com a eleição divina. Primeiro, Ele havia dito que "Todo aquele que o Pai me dá virá a mim" (João 6:37). Depois, Ele repete essa verdade, mas apresentando-a pela negativa: *"Ninguém* pode vir a mim, se o Pai que me enviou *não* o trouxer" (João 6:44). Os ouvintes de Jesus jamais poderão ir a Cristo nem crerem nele por si mesmos. A menos que o Pai os conduza, jamais irão. A menos que Deus tire as vendas dos seus olhos, jamais verão. A menos que o tampão seja tirado dos ouvidos, jamais ouvirão. A menos que recebam vida do alto, jamais viverão eternamente. O ser humano possui uma incapacidade absoluta de crer, a menos que Deus opere nele a fé verdadeira. As pessoas que nunca nasceram de novo estão mortas em seus delitos e pecados, são escravas da injustiça, alienadas e hostis a Deus, espiritualmente cegas e incapazes de entender as coisas espirituais.

Em quarto lugar, *uma promessa segura*. Aqueles que o Pai leva a Jesus e nele creem, esses têm a garantia da vida eterna. Jesus expressou essa certeza anteriormente ao dizer que "Ninguém

---

[18] CARSON, D. A. *The Gospel According to John*, p. 293.

pode vir a mim, se o Pai que me enviou não o trouxer; *e eu o ressuscitarei no último dia*" (João 6:44). Não há salvação a não ser por intermédio da fé em Cristo. A vida eterna não é resultado do mérito, mas consequência da fé. A fé em Cristo é absolutamente suficiente para a salvação. Concordo com F. F. Bruce quando ele diz que todo aquele que crê no Filho tem a vida eterna aqui e agora, sem precisar esperar pelo último dia; Ele já antecipa as condições da época da ressurreição futura que será inaugurada pelo último dia do tempo presente.[19]

Em quinto lugar, uma *apropriação necessária*. Jesus vai direto ao ponto e afirma abertamente mais uma vez: "Eu sou o Pão da Vida" (João 6:48). Aqueles que comeram o maná no deserto morreram, mas aqueles que comem do Pão da Vida jamais morrerão eternamente. Esta é a vida que o pão que desce do céu oferece: vida eterna. Não é um pão que apenas prolonga a vida dos que o recebem; Ele tem poder para libertar da morte. Isso, o maná não poderia fazer. O maná sustentou a vida no corpo daqueles que o comiam, mas estes morreram. Aquele que comer do pão vivo que desce dos céus viverá eternamente. O maná do deserto era comido, mas o Pão da Vida é tomado pela fé. O maná era ingerido fisicamente e alimentava o corpo; o Pão da Vida é recebido pela fé e alimenta a alma. O pão não é apenas para ser conhecido, mas, sobretudo, para ser apropriado. Só quem se alimenta de Cristo, vive por Ele.

---

[19] BRUCE, F. F. *João*, p. 142.

A CARNE E O SANGUE

O terceiro discurso de Jesus brota de uma disputa dos judeus. Jesus havia dito "Eu sou o pão vivo que desceu do céu; se alguém comer deste pão, viverá para sempre; e o pão que eu darei pela vida do mundo é a minha carne" (João 6:51). Os judeus entenderam essas palavras de modo literal. Passaram a discutir entre si: "Como pode Ele nos dar sua carne para comer?". Em vez de responder às dúvidas, Jesus amplia o desconforto de sua audiência ao dizer que, além da carne, daria de seu sangue para beber (João 6:52-53). Esse acréscimo foi ainda mais ofensivo, uma vez que a lei de Moisés ordenava a morte de quem bebesse sangue, ou mesmo de quem comesse a carne com sangue (Levítico 17:14). Jesus não retrocede perante o estranhamento de seus interlocutores. Ele apresenta verdades espirituais em termos materiais, concluindo o discurso com a afirmação que havia feito duas vezes antes: "Este é o pão que desceu do céu" (João 6:58).

A respeito desse discurso, damos cinco destaques a seguir.

Em primeiro lugar, *um literalismo equivocado*. A Bíblia deve ser interpretada literalmente sempre que o contexto o permitir. Aqui, entretanto, a fala de Jesus não pode ser lida dessa forma. É claro que comer a carne de Cristo não se trata de uma ação física, mas espiritual. O entendimento literalista dos judeus levou-os à repugnante ideia do canibalismo. Essa mesma equivocada interpretação deu origem à transubstanciação, doutrina romana que prega que o pão e o vinho, após a consagração dos elementos na ceia, se transubstanciam no corpo e no sangue de Cristo.[20]

John Charles Ryle diz que essas palavras de Jesus não nos remetem aos elementos da ceia do Senhor, o pão e o vinho. Podemos participar da ceia do Senhor sem nos alimentarmos do corpo de Cristo e sem bebermos do seu sangue. Por outro lado, podemos comer o corpo de Cristo e beber o seu sangue sem participarmos da ceia do Senhor.[21] A linguagem do Senhor aqui é sacrificial: é o Verbo encarnado que entrega sua "carne" para dar vida ao mundo.[22] E o faz voluntariamente. Se o Pão da Vida é Jesus, o que Jesus dá é a si mesmo.[23] Assim, a carne e o sangue de Jesus significam o sacrifício de seu corpo oferecido sobre a cruz quando Ele morreu por nós, pecadores. Representam a expiação feita pela sua morte, a satisfação feita pelo seu sacrifício como nosso substituto, a redenção conquistada por Ele ao ter suportado, em seu corpo, a penalidade do nosso pecado. Essa é a ideia fundamental que devemos ter diante dos nossos olhos.[24]

Em segundo lugar, *uma experiência pessoal necessária*. A vida de Cristo só é experimentada pelo ser humano quando este se apropria, pela fé, do Salvador. Não basta conhecer

---

[20] MACARTHUR, John. *The MacArthur New Testament Commentary*, p. 259.
[21] RYLE, John Charles. *John*, p. 396.
[22] MOLONEY, F. J. *The Johannine Son of Man*, p. 115 citado em CARSON, D. A. *The Gospel According to John*, p. 295.
[23] CARSON, D. A. *The Gospel According to John*, p. 295.
[24] CARSON, D. A. *The Gospel According to John*, p. 398.

intelectualmente a verdade. Não basta ter conhecimento acerca de Cristo; é preciso ter intimidade com Cristo. Não basta informação; é preciso apropriação. Concordo com D. A. Carson quando ele diz que comer a carne do Filho do homem é uma forma chocante e metafórica de dizer que o dom do verdadeiro "Pão da Vida" de Deus (João 6:35) é apropriado pela fé (João 6:47). Nós devemos nos apropriar dele em nosso íntimo.[25]

Essa linguagem metafórica é usada em nossos dias em outros contextos, como por exemplo: devoramos livros, bebemos preleções, engolimos histórias, ruminamos ideias, mastigamos um assunto e engolimos nossas próprias palavras.[26] John MacArthur diz corretamente que a comida não tem utilidade alguma até que você a coma. Quando nos alimentamos, a comida passa a fazer parte do nosso corpo. Comer é um ato pessoal; ninguém pode se alimentar por outra pessoa. Da mesma forma, ninguém pode crer por nós. Todas essas realidades podem ser aplicadas espiritualmente. E era isso o que Jesus tinha em mente![27]

Em terceiro lugar, *uma promessa segura*. A vida eterna agora e a ressurreição futura são garantidas a todos aqueles que comem a carne e bebem o sangue de Cristo, uma vez que sua carne é verdadeira comida, e seu sangue é verdadeira bebida. Aqueles que experimentam Cristo e se apropriam dele pela fé têm segurança da vida eterna agora e a esperança da

---

[25] CARSON, D. A. *O comentário de João*, p. 280.
[26] CARSON, D. A. *O comentário de João*, p. 280.
[27] MACARTHUR, John. *The MacArthur New Testament Commentary*, p. 257-258.

ressurreição futura. F. F. Bruce diz corretamente que aqueles que comem a carne e bebem o sangue são os mesmos que o veem e nele creem; são estes que têm a vida eterna; são estes que Ele ressuscitará no último dia. Nessas palavras estranhas, então, vemos uma metáfora poderosa e vívida para o ato de ir a Ele, crer nele e se apropriar dele pela fé.[28]

Em quarto lugar, *uma união mística inseparável*. Aquele que se alimenta de Cristo permanece nele e, de igual forma, Cristo nele permanece, de forma inseparável. Essa é a união mística que nos torna um com Cristo. Permanecemos nele. Morremos com Ele. Ressuscitamos com Ele. Vivemos nele. Estamos assentados com Ele nas regiões celestes e permanecemos nele, agora e eternamente, como o corpo está ligado à cabeça, e os ramos, à videira.

Em quinto lugar, *uma distinção esclarecedora*. Jesus pontua mais uma vez que Ele, o Pão da Vida, é totalmente diferente daquele pão que os israelitas comeram no deserto. O maná não era o verdadeiro pão, mas apenas símbolo e sombra do verdadeiro pão, que é Cristo.

REAÇÕES AO DISCURSO DE JESUS

Esse ensino de Jesus escandalizou a muitos seguidores, que debandaram. Embora houvessem compreendido que suas apalavras não eram literais, a linguagem utilizada por Jesus,

---

[28] BRUCE, F. F. *João*, p. 144.

que falava de oferecer sua carne por comida e seu sangue por bebida, lhes foi insuportável. Concordo com F. F. Bruce quando este diz que "Isto não acontecia somente porque eles consideravam a metáfora injuriosa, mas porque todo o tom do seu argumento trazia embutida a alegação de que Ele era maior do que Moisés".[29]

Desse modo, quando Jesus terminou esse longo discurso na sinagoga de Cafarnaum, Ele viu no auditório, em primeiro lugar, reações negativas (João 6:60-66). Muitos dos que o seguiam e se chamavam seus discípulos julgaram o discurso de Jesus duro demais. Queriam coisas mais amenas. Desejavam uma panaceia para seus males imediatos. Buscavam apenas curas e milagres. MacArthur com razão diz que a reação identificada aqui é típica dos falsos discípulos: enquanto achavam que Jesus era a fonte de cura, comida e libertação da opressão do inimigo, eles o seguiram. Mas quando Jesus mostrou que eles estavam falidos espiritualmente e deviam confessar seus pecados e se voltar para Ele como a única fonte de salvação, ficaram ofendidos e o abandonaram.[30] Enquanto creram que Jesus poderia lhes sustentar de graça, eles o seguiram. Mas quando o Senhor mostrou que o pão era espiritual e que seu reino não era deste mundo, eles foram embora.

Três foram as reações negativas, como veremos a seguir.

---

[29] BRUCE, F. F. *João*, p. 146.
[30] MACARTHUR, John. *The MacArthur New Testament Commentary*, p. 269.

- *Decepção.* Em vez de os ouvintes correrem apressadamente para Jesus, endureceram a cerviz e murmuraram escandalizados. Jesus não pregou para agradar seus ouvintes; pregou para levá-los ao arrependimento. Como pregador, Jesus não transformou sua prédica numa plataforma de relações públicas. Os ouvintes querem as benesses de Cristo, mas nenhum compromisso com Ele. D. A. Carson resume bem a postura de decepção dos judeus:

> O que foi que ofendeu a sensibilidade dos ouvintes de Jesus? Julgando pelo discurso precedente, há quatro características na palavra de Jesus com as quais se ofenderam. 1) Eles estavam mais interessados em comida (6:26), no messianismo político (6:14,15) e nos milagres manipuladores (6:30,31) que nas realidades espirituais para as quais o milagre da alimentação apontava. 2) Eles não estavam preparados para abandonar sua própria autoridade soberana mesmo em questões religiosas e, portanto, eram incapazes de dar os primeiros passos de fé genuína (6:41-46). 3) Eles se ofenderam particularmente com as declarações que Jesus apresentou, afirmando ser maior do que Moisés, singularmente enviado por Deus e autorizado a dar vida (6:32-58). 4) A metáfora estendida do "pão" é ela mesma ofensiva para eles, especialmente quando ataca tabus evidentes

e se torna uma questão de "comer carne" e "beber sangue".[31]

- *Descrença*. As palavras de Jesus apontavam diretamente para a sua crucificação. Na cruz do Calvário, o Pão do Céu seria partido e ofereceria vida eterna aos que se apropriassem dele pela fé. Diante disso, Jesus indaga: "Isso vos escandaliza? Como seria, então, se vísseis subir o Filho do homem para onde primeiramente estava?" (João 6:61-62). Jesus quer saber se os judeus creriam se o vissem ser elevado — primeiro na cruz, oferecendo-se voluntariamente como sacrifício; e depois subindo novamente ao céu, de onde havia vindo. Sendo o perscrutador dos corações, Jesus já sabe a resposta ao seu questionamento. Sua pergunta havia sido retórica. O Senhor acentua que, no meio de seus ouvintes, havia descrentes e até mesmo um traidor. Mais uma vez, Jesus enfatiza aos ouvintes que só poderão ir a Ele aqueles que o Pai conduzir. Não importaria se o vissem pendurado na cruz ou ascendendo ao céu, creriam nele apenas aqueles a quem o Pai concedesse crer. Por isso, Jesus não se surpreendeu quando muitos lhes voltaram as costas.
- *Abandono*. Esse pesado discurso de Jesus não produziu um estupendo resultado numérico; ao contrário, provocou uma debandada geral. Jesus jamais negociou a

---

[31] CARSON, D. A. *O comentário de João*, p. 301.

verdade para atrair pessoas. Seu propósito era ser fiel, e não popular. Ele não buscava aplausos humanos, mas o sorriso do Pai; não sucesso na terra, mas aprovação no céu.

F. F. Bruce diz que essas pessoas queriam o que Jesus não podia dar; e o que Ele oferecia, elas não queriam receber. Foram atraídas pelos sinais, mas não passaram pelo teste da fidelidade. Não eram discípulos genuínos; apenas temporários. Não andavam mais com Jesus, nem tinham o mesmo espírito dele.[32]

Warren Wiersbe destaca que, em decorrência dessa mensagem, Jesus perdeu a maioria de seus discípulos. Quase todos voltaram para sua antiga vida, sua antiga religião e sua antiga situação desesperadora. Jesus Cristo é o caminho, mas eles se recusaram a andar por Ele.[33]

John Charles Ryle ressalta que os homens podem ter sentimentos, desejos, convicções, resoluções, esperanças e até sofrimentos na vivência religiosa e, ainda assim, jamais experimentar a graça salvadora de Deus. Eles podem ter corrido bem por um tempo, mas depois voltam para o mundo e se tornam como Demas, Judas Iscariotes e a mulher de Ló.[34]

---

[32] BRUCE, F. F. *João*, p. 148.
[33] WIERSBE, Warren W. *Comentário bíblico expositivo*, p. 403.
[34] RYLE, John Charles. *John*, p. 418-419.

REAÇÕES POSITIVAS

Porém, assim como gerou reações negativas, o discurso de Jesus causou algumas reações positivas (João 6:67-71). Em virtude da debandada geral da sinagoga de Cafarnaum, Jesus se volta para seus discípulos. Destacamos três fatos a seguir.

- *Uma pergunta confrontadora.* Talvez, a essa altura, os discípulos tenham pensado: "Se o mestre não aliviar o discurso, todo mundo acabará indo embora". Nesse momento, Jesus se volta para os Doze e pergunta: "Vós também quereis retirar-vos?" (João 6:67). Longe de mudar o rumo de sua mensagem, Jesus a endurece ainda mais, confrontando seus discípulos mais próximos. Carson aponta que responder a essa pergunta era mais do interesse dos discípulos do que de Jesus. Eles precisavam articular a resposta mais do que Jesus deveria ouvi-la.[35]
- *Uma confissão confiante.* Pedro, então, responde pelo grupo, dizendo que eles não teriam outro para seguir: "Senhor, para quem iremos? Tu tens as palavras de vida eterna. E nós cremos e sabemos que tu és o Santo de Deus" (João 6:68). A primeira parte da resposta de Pedro faz referência à fala de Jesus, quando este dissera: "as palavras que eu vos tenho falado são espírito e vida" (João 6:63). Talvez Pedro e seus condiscípulos tivessem começado a degustar o alimento espiritual que o Senhor lhes oferecia.

---

[35] CARSON, D. A. *The Gospel According to John*, p. 303.

Ainda que não entendessem completamente o discurso de Jesus, eles provavam em seu coração que as palavras do Mestre eram verdadeira comida.

A segunda parte da resposta de Pedro mostra a convicção que os discípulos tinham de que Jesus era o Messias. Segundo F. F. Bruce, "outras pessoas estavam dispostas a aceitar Jesus como o segundo Moisés, que providencia alimento para o seu povo", mas Pedro e seus companheiros não pensavam assim. Para eles, Jesus "era mais do que o profeta semelhante a Moisés; Ele era o Santo de Deus".[36]

- *Uma traição surpreendente.* Diante da resposta de Pedro, Jesus reitera o fato de que não havia sido eles que o escolheram; fora Ele quem os escolhera. Isso está de acordo com sua declaração anterior de que eles lhe haviam sido dados pelo Pai (João 6:39), e sua declaração posterior, quando ora ao Pai: "eu os guardei e os preservei no teu nome que me deste. Nenhum deles se perdeu, senão o filho da perdição, para que se cumprisse a Escritura" (João 17:12). Jesus os conhecia, e sabia que um deles "é um Diabo" e iria traí-lo. Em seu círculo íntimo, suas palavras foram recebidas, mas também Ele seria traído nesse mesmo círculo. Mais uma vez, Jesus demonstra conhecer os corações, devassa os escaninhos do futuro e desmascara a falsa confissão religiosa.

---

[36] BRUCE, F. F. *João*, p. 149.

CONCLUSÃO

Jesus é o único que satisfaz a nossa alma, mitiga a nossa fome espiritual e nos dá forças para prosseguirmos neste mundo até entrarmos na glória. Aquilo que é terreno e temporal não pode preencher o vazio do nosso coração. Os manjares deste mundo podem ser deliciosos e até nos suprir por um tempo. Porém, essa provisão é insuficiente para satisfazer nossa fome de significado, nossa necessidade de vida, nossa carência de Deus.

O ser humano é faminto de coisas, de prazeres, de realizações pessoais. Na busca por satisfazer essa fome de significado, ele tenta empurrar para dentro de si muitas coisas, muitos prazeres, mas cada vez mais aumenta o vazio de sua alma e a fome do seu coração pelas coisas eternas. Nenhuma religião pode preencher esse vazio. Nenhum rito sagrado pode matar essa fome. Só Jesus pode trazer significado eterno ao nosso viver. Somente Ele pode perdoar pecados. Somente o Filho de Deus pode conceder vida eterna. Aqueles que se achegam a Cristo e dele se alimentam, esses têm vida eterna. Jamais terão fome para todo o sempre!

Capítulo dois

EU SOU A LUZ DO MUNDO

De novo, lhes falava Jesus, dizendo: Eu sou a Luz do Mundo; quem me segue não andará nas trevas; pelo contrário, terá a luz da vida.

João 8:12

A DECLARAÇÃO SOBRE a Luz do Mundo é feita no contexto de uma festa em Jerusalém, a Festa dos Tabernáculos. Aqui, Jesus se apresenta como a Luz do Mundo, o libertador dos cativos, o Filho de Deus que tem vida em si mesmo, o único que pode dar vida eterna. Os judeus não compreenderam a fala de Jesus, pois não foram capazes de discernir sua natureza divina nem sua obra salvadora.

Após seu discurso, Jesus opera um milagre que ilustra a verdade ensinada: Ele concede vista a um cego de nascença. Com isso, o Senhor mostra que sua missão era abrir as janelas do entendimento para uns e fechar as portas da compreensão para outros. Os cegos veem, e os que se julgam entendidos, ficam cegos. As palavras e as obras de Jesus abrem os olhos de uns e entenebrecem outros.

A FESTA DOS TABERNÁCULOS

Os requerimentos para a Festa dos Tabernáculos estão descritos em Levítico 23 e Deuteronômio 16. Joe Amaral ressalta que havia três focos básicos nessa festa: as atividades de Deus no passado, presente e futuro.[1] A Festa dos Tabernáculos relem-

---

[1] AMARAL, Joe. *Understanding Jesus*, p. 110.

bra a intervenção sobrenatural de Deus na libertação do seu povo da escravidão no Egito. Durante os quarenta anos em que os israelitas peregrinaram no deserto, Deus os protegeu, abençoou e conduziu. Nessa festa, os judeus relembravam a proteção de Deus sobre seus pais no deserto, e faziam isso habitando em cabanas durante uma semana.

Nos dias de Jesus, essa festa era celebrada no final das colheitas e os judeus agradeciam a Deus sua provisão. No oitavo e último dia da festa, era feita uma oração pedindo chuva para as próximas colheitas.[2] Foi nesse momento apoteótico da festa que Jesus exclamou: "Se alguém tem sede, venha a mim e beba. Como diz a Escritura, rios de água viva correrão do interior de quem crê em mim" (João 7:37-38).

Por fim, a Festa dos Tabernáculos também apontava para aquele glorioso dia futuro em que Deus armará sua morada definitiva com os remidos, que, então, verão o Senhor face a face (cf. Apocalipse 21:1-4).

A Festa dos Tabernáculos associava-se também a outra tradição judaica, a cerimônia da iluminação do templo. Nela, quatro grandes postes de iluminação, localizados no pátio das mulheres, eram acesos. Diz-se que, à luz desses postes, o povo celebrava durante as noites da festa, e a luz que emanava do templo espalhava seu brilho por sobre toda a cidade de Jerusalém.[3]

---

[2]BRUCE, F. F. *João*, p. 161.
[3]CARSON, D. A. *The Gospel According to John*, p. 337.

Quando a festa terminou, Jesus permaneceu na cidade, especificamente no templo, pregando e ensinando a todos quanto se achegavam para ouvi-lo falar. Em um desses dias Ele declarou que era a Luz do Mundo.

LUZ DO MUNDO, LUZ DOS HOMENS

Jesus já havia se apresentado como o Pão da Vida para os famintos e a água viva para os sedentos. Agora, faz mais uma declaração solene: "Eu sou a Luz do Mundo; quem me seguir jamais andará em trevas, mas terá a luz da vida" (João 8:12). Veremos dois aspectos dessa afirmativa.

Em primeiro lugar, trata-se de *uma afirmação gloriosa*. No Antigo Testamento, Deus é retratado como a luz do seu povo (Salmos 27:1); à luz da sua presença, eles encontravam graça e paz (Números 6:24-26). O servo do Senhor é nomeado pelo profeta como "luz das nações", para que a salvação de Deus alcance até os limites da terra (Isaías 49:6). Também a Palavra ou lei de Deus é chamada de luz, pois orienta o caminho dos obedientes (Salmos 119:105). Dessa forma, Jesus, o Filho do Pai, o servo do Senhor, o Verbo encarnado, personifica essas ilustrações feitas no Antigo Testamento.[4]

No início de seu Evangelho, João afirma a respeito do Verbo, Jesus, que "A vida estava nele e era a luz dos homens; a luz

---

[4]BRUCE, F. F. *João*, p. 166.

resplandece nas trevas, e as trevas não prevaleceram contra ela" (João 1:4-5). F. F. Bruce escreve oportunamente:

> A expressão "[...] e a vida era a luz dos homens" vale tanto para a iluminação natural da razão concedida à mente humana como para a iluminação espiritual que acompanha o novo nascimento; nenhuma das duas pode ser recebida sem a luz que está no Verbo. O que o evangelista tem em mente aqui é a iluminação espiritual que dissipa a escuridão do pecado e da descrença.[5]

William Barclay diz que a luz aqui tem três significados: é a luz que faz desaparecer o caos; é a luz reveladora que tira as máscaras e os disfarces e que mostra as coisas como de fato são; e é a luz que guia.[6] A luz do Verbo prevalece. Aonde ela chega, espanta as trevas. A luz desmascara e dissipa as trevas. O mundo está em trevas, porque o Diabo cegou o entendimento dos incrédulos. Mas onde Jesus se manifesta salvificamente, as vendas dos olhos são arrancadas e os cativos são trasladados do império das trevas para o reino da luz. Na primeira criação havia trevas sobre a face do abismo (Gênesis 1:2), até que Deus chamou a luz à existência. Da mesma forma, a nova criação abrange a expulsão da escuridão espiritual pela luz que brilha

---

[5]BRUCE, F. F. *João*, p. 38.
[6]BARCLAY, William. *Juan I*, p. 54-56.

no mundo. Sem a luz, que é Cristo, o mundo das pessoas está envolto em trevas.[7]

Mais adiante em seu prólogo, João anuncia Jesus como "a verdadeira luz, que ilumina a todo homem" (João 1:9). Fritz Rienecker diz que Cristo é a luz perfeita em cuja radiância as demais luzes parecem tenebrosas. Somente Ele pode tornar claro a cada indivíduo o significado e o propósito da sua vida.[8] John Charles Ryle diz corretamente que Cristo é para a alma dos seres humanos o que o sol é para o mundo. Ele é o centro e a fonte de toda luz espiritual, calor, vida, saúde, crescimento, beleza e fertilidade. Como o sol, Ele brilha para o benefício de toda a humanidade — para grandes e pequenos, ricos e pobres, judeus e gentios. Todos podem olhar para Ele e receber livremente sua luz.[9] Warren Wiersbe diz corretamente que, com um simples passo de fé, essa gente poderia ter passado das trevas espirituais para a luz da salvação.[10] Sejam quais forem os problemas ou os mistérios que cerquem a pessoa de Cristo e sua obra, devemos crer nele, segui-lo e a Ele nos entregar. De outra sorte, seremos como aqueles que tropeçam dentro da noite, sem enxergar o caminho.[11]

---

[7] BRUCE, F. F. *João*, p. 38-39.
[8] RIENECKER, Fritz; ROGERS, Cleon. *Chave linguística do Novo Testamento*, p. 161.
[9] RYLE, John Charles. *John*, p. 15.
[10] WIERSBE, Warren W. *Comentário bíblico expositivo*, p. 441.
[11] ERDMAN, Charles. *O evangelho de João*, p. 101.

Jesus é a Luz do Mundo. Sem Jesus, o mundo está mergulhado em densas trevas. Sem Jesus, prevalece a ignorância espiritual. Sem Jesus, as pessoas estão cegas e não sabem para onde vão. Sem Jesus, as pessoas estão perdidas, confusas e sem rumo. Sem Jesus, as pessoas caminham para as trevas eternas. Concordo com William Hendriksen quando ele diz que Jesus é a Luz do Mundo, o que significa que, para os ignorantes, Ele proclama sabedoria; para os impuros, santidade; e para os dominados pela tristeza, alegria.[12] Nessa mesma linha de pensamento, MacArthur diz que Jesus traz salvação a este mundo amaldiçoado pelo pecado. Para as trevas da falsidade, Ele é a luz da verdade; para as trevas da ignorância, Ele é a luz da sabedoria; para as trevas do pecado, Ele é a luz da santidade; para as trevas do sofrimento, Ele é a luz da alegria; e para as trevas da morte, Ele é a luz da vida.[13]

Em segundo lugar, a declaração de Jesus implica em *uma promessa bendita*: "quem me seguir jamais andará em trevas, mas terá a luz da vida" (João 8:12b). A afirmação que Jesus faz sobre si mesmo não fica no ar, como uma declaração abstrata. Há uma implicação imediata: seguir a luz. Carson vê essa implicação como a atitude apropriada a se fazer quanto à luz, se ela é a gloriosa coluna de nuvem que apontava o caminho

---

[12] HENDRIKSEN, William. *João*, p. 376.
[13] MACARTHUR, John. *The Macarthur New Testament Commentary*, p. 334.

no deserto,[14] como foi o caso dos hebreus durante sua peregrinação (Êxodo 13:21-22).

Jesus é categórico em afirmar que aqueles que o seguem não andarão em trevas, mas terão a luz da vida, ou seja, a luz que produz vida. A caminhada com Jesus é uma jornada na luz da verdade, na luz da santidade e na luz da mais completa felicidade.

William Barclay diz que a palavra grega *akolouthein*, traduzida aqui por "seguir", tem cinco significados:

1) um soldado que segue seu capitão;
2) o escravo que acompanha seu senhor;
3) a aceitação de uma opinião, veredito ou juízo de um conselheiro sábio;
4) a obediência às leis de uma cidade ou Estado;
5) alguém que segue a linha de argumentação de um mestre.[15]

Todas essas acepções são verdadeiras em relação a Jesus. Ele é o nosso Capitão, nosso Senhor, a Palavra Verdadeira, o Caminho para a vida, o Mestre mais sábio. Portanto, necessitamos de sabedoria do céu para seguir seu caminho na terra.

Entretanto, onde brilha o farol de Deus, a Palavra, chega o vero conhecimento, a sabedoria divina. Sabedoria é olhar para a vida com os olhos de Deus. É ver a vida como Deus a vê.

---

[14] CARSON, D. A. *The Gospel According to John*, p. 338.
[15] BARCLAY, William. *Juan II*, p. 19.

É não andar na contramão da história. É não entrar em rota de colisão com a vontade de Deus. Sabedoria é reconhecer a nossa dependência de Deus, descansar na sua providência e agir na força do seu poder. Sabedoria é seguir as pegadas de Jesus.

A pessoa que tem um guia seguro e um mapa correto chegará, sem dúvida, a seu destino, sã e salva. Jesus Cristo é esse guia; Ele é o único que possui o mapa da vida. Segui-lo significa transitar a salvo pela vida e depois entrar na glória.[16]

AS TREVAS DIANTE DA LUZ

Após essas palavras, Jesus foi confrontado por seus ouvintes. Os judeus questionaram a autoridade que Jesus teria para fazer tal declaração sobre si. Por não aceitarem a verdade de que Jesus é o enviado de Deus, e que, portanto, não fala por si mesmo, eles contestaram sua afirmação, argumentando: "Tu dás testemunho de ti mesmo; o teu testemunho não é verdadeiro" (João 8:13).

No primeiro capítulo do Evangelho, o apóstolo João já indicou a hostilidade que Jesus enfrentaria: "O Verbo estava no mundo, e este foi feito por meio dele, mas o mundo não o reconheceu. Ele veio para o que era seu, mas os seus não o receberam" (João 1:10-11).

Podemos destacar três pontos à luz dessa verdade:

---

[16] BARCLAY, William. *Juan II*, p. 19.

- *Jesus veio para os judeus, o povo escolhido.* Revelou a si mesmo pelos profetas. Veio para os judeus que liam o Antigo Testamento e viam-no sob os tipos e figuras em seu culto, professando esperar por sua vinda. E, mesmo assim, quando Ele veio, os judeus não o receberam. Eles o rejeitaram, o desprezaram e o pregaram na cruz. Jesus veio para o que era seu, e os seus não o receberam. Embora presente, Jesus foi rejeitado. Embora onipotente, não foi reconhecido. Embora tenha amado seu povo, foi por Ele rejeitado.
- *Jesus viveu sob o olhar crítico de seus inimigos.* Os líderes religiosos sentiram-se ameaçados por Ele. Os sacerdotes com inveja conspiraram contra Ele. Eles espreitaram seus caminhos, vasculharam sua vida, bisbilhotaram sua agenda, julgaram suas motivações, para só descobrirem que Ele não tinha pecado nenhum. O ódio que sentiram por Ele não foi por causa de ausência de luz em Jesus, mas por causa da cegueira dos olhos deles. Rejeitaram a mensagem de Jesus, não porque ela não fosse verdadeira, mas por causa da dureza de seus corações. Eles o rejeitaram, o desprezaram e o pregaram na cruz. Jesus veio para o que era seu, e os seus não o receberam. Embora presente, Jesus foi rejeitado. Embora onipotente, não foi reconhecido. Embora tenha amado seu povo, foi por Ele rejeitado.

Os judeus recusaram a salvação que Jesus oferecia. Por não aceitarem a verdade de que Jesus era o enviado de Deus, e que, portanto, não falava por si mesmo, mas em nome do Pai, e a fim de cumprir a vontade do Pai, eles contestaram sua declaração, argumentando que seu testemunho era desprovido de valor porque Ele testemunhava de si mesmo.

O diálogo entre Jesus e os judeus segue centrando-se nesse tópico da autoridade de Jesus em afirmar-se a Luz do Mundo. Jesus, porém, não encerra o assunto aí. A declaração "Eu sou a Luz do Mundo", que tinha como pano de fundo a Festa dos Tabernáculos, será provada na sequência por meio de um milagre: a cura de um cego. Enquanto um homem que não via recebe a capacidade de enxergar, aqueles que pensam ver permanecem cegos à verdade.[17]

LUZ PARA O CEGO

Em João 6, Jesus multiplicou os pães para ilustrar a gloriosa verdade de que Ele é o Pão da Vida. Aqui, se dá o oposto. No capítulo 8, Jesus se apresentou como a Luz do Mundo. Agora, no capítulo 9, Ele ilustra seu ensino curando um homem cego de nascença. Os milagres de Cristo sempre tiveram um propósito pedagógico de revelar verdades espirituais. O milagre não é um fim em si mesmo. Tem o propósito de abrir portas para a fé salvadora e avenidas para uma confiança maior em Deus.

---

[17] CARSON, D. A. *The Gospel According to John*, p. 339.

Jesus dá mais uma prova de sua divindade, uma vez que era comum a crença de que só Deus poderia dar vista a um cego de nascença. Uma vez que a cegueira era considerada maldição divina, só Deus poderia remover essa maldição. Além disso, dar vista a um cego de nascença é uma obra criadora, e só Deus tem poder para criar.[18]

O milagre se passa em Jerusalém. Ao caminhar, Jesus vê um cego de nascença (João 9:1). Nos Evangelhos, esse é o único milagre relatado no qual se diz que alguém sofria desde seu nascimento. Nascera num berço de trevas e durante toda a sua vida estava cercado de escuridão. O colorido das flores, a exuberância das matas, a beleza do sorriso de uma criança eram realidades desconhecidas por aquele pobre homem. Seu mundo era sombrio, e sua vida era desprovida de esperança.

Um homem cego é visto, ou então permanecerá na escuridão. Há algumas pessoas que Jesus as enxerga, ou então ficarão esquecidas, marginalizadas, cobertas pelo manto escuro das trevas. Jesus enxergou aquele cego. Cinco fatos nos chamam a atenção nesse episódio.

Em primeiro lugar, *uma pergunta perturbadora*. Ao verem o homem cego, os discípulos sacaram da algibeira uma questão perturbadora: "Rabi, quem pecou para que ele nascesse cego: ele ou seus pais?" (João 9:2). Em vez buscar uma solução para o problema alheio, eles queriam especular sobre o mais intrincado problema filosófico: a origem do mal. William

---

[18] AMARAL, Joe. *Understanding Jesus*, p. 123.

Hendriksen diz que os judeus relacionavam cada infelicidade a um pecado em particular. Dessa forma, os amigos de Jó relacionaram suas aflições a seus supostos pecados de crueldade em relação às viúvas e aos órfãos (Jó 4:7; 8:20; 11:6; 22:5-10); e no tempo de Jesus esse tipo de raciocínio ainda prevalecia (Lucas 13:2-5). Obviamente, Jesus não aprovava essa ênfase exagerada.[19]

Em segundo lugar, *uma resposta esclarecedora*. Jesus responde que nem o homem pecou nem seus pais, mas ele nasceu cego para que se manifestassem as obras de Deus. É claro que Jesus não estava com isso insinuando haver pessoas sem pecado nem induzindo os discípulos a crer que todo sofrimento é resultado imediato de um pecado imediato. Também Jesus não estava afirmando que aquele homem havia nascido cego especificamente para ser, agora, alvo de seu milagre. Jesus estava dizendo que o sofrimento alheio não deveria ser alvo de especulação, e sim de uma ação misericordiosa. F. F. Bruce, na mesma linha de pensamento, diz que isso não significa que Deus intencionalmente tenha feito a criança nascer cega para, depois de muitos anos, revelar sua glória tirando-lhe a cegueira; pensar assim também seria uma afronta ao caráter de Deus. O sentido é que Deus é soberano sobre a infelicidade da cegueira da criança e, quando ela se tornou adulta, a fez recuperar a visão, a fim de que visse a glória de Deus na face

---

[19] HENDRIKSEN, William. *João*, p. 415.

de Cristo.[20] Larry Richards diz que tragédias dão a Deus uma oportunidade de se revelar de formas singulares.[21]

Em terceiro lugar, *uma ordem urgente*. Jesus confirma sua declaração, dizendo que as obras do Pai devem ser feitas com presteza e urgência, pois haverá um tempo, quando a noite chegar, que não será mais possível trabalhar.

Em quarto lugar, uma *declaração magnífica*. Antes de abrir os olhos ao cego, Jesus reafirmou a seus discípulos o que havia dito aos judeus: "Eu sou a Luz do Mundo". Essa declaração vem com um comentário: "Enquanto estou no mundo". Isso explica a ordem de Jesus dada no versículo anterior. Jesus diz que as obras do Pai devem ser feitas "enquanto é dia", ou seja, enquanto Jesus, a Luz do Mundo, está no mundo.[22]

Carson explica que isso não quer dizer que Jesus deixa de ser a Luz do Mundo quando Ele acende aos céus. Em vez disso, quer dizer que a luz brilha mais enquanto Ele vive sua vida humana, até o momento de sua glorificação. Durante esse período Ele é a luz que expõe, julga e salva o mundo. Aqueles que desfrutam dessa luz serão cercados de trevas quando Ele for levado."[23]

Em quinto lugar, *um milagre inédito*. Jesus curou esse cego de forma estranha. Cuspiu na terra, fez lodo com a saliva, aplicou-o aos olhos do cego e ordenou-lhe: "Vai, lava-te no tanque

---

[20] BRUCE, F. F. *João*, p. 183.
[21] RICHARDS, Larry. *Todos os milagres da Bíblia*, p. 259.
[22] BRUCE, F. F. *João*, p. 184.
[23] CARSON, D. A. *The Gospel According to John*, p. 362.

de Siloé (que significa Enviado)" (v. 7). O homem foi, lavou e voltou enxergando. Não havia nenhum registro de que um cego de nascença tivesse sido curado (João 9:32). Larry Richards diz que Jesus concedeu visão a um homem que nascera cego. Não foi a restauração de visão perdida. Foi um ato de criação: criar algo que não existia.[24]

F. F. Bruce nota que o homem recebeu uma pasta nos olhos e foi orientado por Jesus a se lavar no tanque de Siloé. "Siloé tem o sentido de *enviado* [...] e se refere a Jesus, o enviado de Deus, o único com autoridade para proporcionar iluminação espiritual."[25]

ESCURIDÃO PARA OS QUE VEEM

Tendo sido curado, o homem cego se torna alvo do interesse e questionamento de seus vizinhos e, depois, dos fariseus. Eles o indagam a respeito de Jesus, a quem ele não havia visto, uma vez que se lavara em um lugar diferente daquele em que se encontrara com Jesus e recebera a pasta sobre seus olhos. Por algumas vezes o cego espicaça seus interrogadores com um arrazoado contundente: "Se é pecador, não sei. Uma coisa sei: eu era cego e agora estou enxergando!" (João 9:25) e "Desde o princípio do mundo, nunca se ouviu que alguém abrisse os olhos a um cego de nascença. Se Ele não fosse de Deus, nada

---

[24] RICHARDS, Larry. *Todos os milagres da Bíblia*, p. 259.
[25] BRUCE, F. F. *João*, p. 184.

poderia fazer" (João 9:32-33). Mediante essas declarações simples de fé em Jesus, o homem é expulso pelos fariseus, ou seja, excomungado.

Ouvindo Jesus que os fariseus o haviam expulsado, foi ao seu encontro e lhe perguntou: "Crês no Filho do homem?". O homem redarguiu: "Quem é Ele, senhor, para que eu nele creia? Jesus lhe disse: Tu já o viste, e é Ele quem está falando contigo. Disse o homem: Eu creio, Senhor! E o adorou" (João 9:35-38). O mesmo Jesus que abriu os olhos do cego abre, agora, os olhos de sua alma. Ele não apenas recebe uma cura; mas também adora o Filho do homem, o Senhor. É maravilhoso constatar que, ao mesmo tempo que os judeus o expulsam do templo, o Senhor do templo vai ao seu encontro para buscá-lo.[26]

Na mesma proporção que os fariseus faziam uma viagem rumo ao abismo mais profundo da incredulidade, esse homem fazia uma viagem rumo à maturidade e ao aprofundamento da fé. Sua compreensão sobre Jesus foi crescente. No começo, ele viu apenas o homem Jesus (João 9:11). Depois, o ex-cego o considerou um profeta (João 9:17). Em seguida, admitiu que Jesus era um operador de milagres (João 9:27). Avançou para a compreensão de que era um homem de Deus (João 9:33). Creu nele como o Filho do homem (João 9:35) e, finalmente, o adorou como Senhor (João 9:38).

---

[26] BARCLAY, William. *Juan II*, p. 60.

Enquanto o homem curado se prostra para adorá-lo, Jesus aproveita o momento para enfatizar diante dos olhos estupefatos dos fariseus sua missão de abrir as janelas do entendimento para uns e fechar as portas da compreensão para outros (João 9:39). Os cegos veem e os que se julgam entendidos ficam cegos. F. F. Bruce comenta que "Aqueles que pensavam não precisar da iluminação que [Jesus] proporcionou, porque já podiam ver muito bem, voltavam-lhes as costas e, sem percebê-lo, aprofundavam-se na escuridão".[27]

As palavras e as obras de Jesus abrem os olhos de uns e entenebrecem outros. Alguns dentre os fariseus, inconformados e sentindo-se atingidos por essa fala, perguntam a Jesus: "Será que nós também somos cegos?" (João 9:40). Jesus já havia chamado os judeus de filhos do Diabo. Agora, deixa claro que o pecado deles é se julgarem iluminados, guardiões da correta interpretação. William Hendriksen, nessa mesma linha de pensamento, escreve:

> Se vocês estivessem não apenas sem luz (o verdadeiro conhecimento de Deus, santidade, justiça, alegria), mas também conscientes dessa condição deplorável, e desejando ansiosamente pela salvação de Deus, nenhuma acusação seria feita a vocês. Mas, porque vocês dizem: nós enxergamos, seu pecado permanece. Em outras palavras: Se não conseguem

---

[27] BRUCE, F. F. *João*, p. 193.

ver a enormidade de suas misérias e de seus pecados, vocês não poderão gozar do verdadeiro conforto. Seu pecado permanece, pois vocês rejeitaram a salvação de Deus.[28]

CONCLUSÃO

A pessoa sem Deus está em trevas. Vive em um mundo tenebroso. É súdita do reino das trevas. É escrava do príncipe das trevas. Não sabe onde tropeça nem para onde vai. As filosofias humanas, por mais esplêndidas que sejam, não conseguem iluminar o caminho do ser humano rumo à bem-aventurança eterna. As religiões, com seus credos e ritos, não podem nos tomar pela mão e nos reconciliar com Deus. Nenhuma experiência mística pode acender dentro de nós a lâmpada da alma.

É nesse contexto de completa escuridão que Jesus se levanta e diz: *Eu sou a Luz do Mundo*. A luz é símbolo de vida. Cristo veio ao mundo para nos dar vida. Ele é a vida e só Ele oferece a vida eterna. A luz é símbolo de pureza, e só Jesus pode purificar-nos o coração e tornar-nos limpos aos olhos de Deus. A luz é símbolo de santidade, e só Jesus pode cobrir-nos com as vestes alvas de sua justiça e nos tornar santos como Ele é santo. A luz é símbolo de conhecimento, e Jesus veio nos dar o verdadeiro conhecimento a respeito de Deus e de nós mesmos. Aqueles que seguem a luz caminham seguros e não tropeçam.

---

[28] HENDRIKSEN, William. *João*, p. 442.

Aqueles que são salvos por Jesus seguem seguros rumo à glória. Ele mesmo nos toma pela mão, nos guia com o seu conselho eterno e depois nos recebe na glória, a morada de luz, onde as trevas jamais penetrarão.

Capítulo três

EU SOU
A PORTA DAS
OVELHAS

Jesus, pois, lhes afirmou de novo: Em verdade, em verdade vos digo: eu sou a Porta das Ovelhas.

João 10:7

NO SERMÃO DE JOÃO 10, Jesus faz duas declarações acerca de si: "Eu sou a Porta das Ovelhas" (João 10:7) e "Eu sou o Bom Pastor" (João 10:11). Neste capítulo, Jesus ainda está enfrentando os fariseus após a cura do cego de nascença. Concordo com Charles Erdman quando ele diz que a metáfora que inicia o capítulo 10 de João — a do ladrão e assaltante que adentra o aprisco das ovelhas sem ser pela porta — está inseparavelmente ligada ao episódio do capítulo precedente. É de fato a continuação do discurso que nosso Senhor começou na presença dos fariseus e do ex-cego. Sua finalidade foi, primeiro, censurar a maneira como os fariseus trataram o homem a quem Jesus dera a visão; segundo, animar o ex-cego em sua fé e confiança; e, terceiro, salientar o ministério amoroso e Salvador de nosso Senhor.[1] William Hendriksen explica esse fato da seguinte maneira:

> O Bom Pastor dá sua vida pelas ovelhas; os fariseus, por outro lado, como maus pastores, não estão preocupados com as ovelhas, e as lançam fora. O homem cego de nascença, uma verdadeira ovelha, tinha sido

---
[1] ERDMAN, Charles. *O evangelho de João*, p. 79.

excomungado pelas autoridades judaicas, mas Jesus, o Bom Pastor, foi procurá-lo e o encontrou.[2]

Deste modo, o sermão de Jesus no capítulo 10 estabelece um contraste entre o Bom Pastor, que dá sua vida pelas ovelhas, e os líderes religiosos apresentados no capítulo 9 de João, que não são nada além de ladrões e assaltantes.[3]

A PARÁBOLA DO VERDADEIRO PASTOR

Os grandes líderes do povo de Deus exerceram a função literal de pastor. Os patriarcas Abraão, Isaque e Jacó possuíam rebanhos. Moisés era pastor de ovelhas. O rei Davi também pastoreava ovelhas. A Judeia, lugar de montanhas e vales, não era adequada para a agricultura. Prevalecia a pecuária. Havia muitos rebanhos de ovelhas, que não eram criadas por sua carne, mas por sua lã. O pastor não deixava suas ovelhas abandonadas à própria sorte nem as largava vulneráveis diante dos ataques dos predadores. Um pastor que não cuidava de seu rebanho lavrava sua própria sorte e caía em pobreza e desgraça. Ovelhas malcuidadas se desviam. Ovelhas malcuidadas são presas fáceis das feras do campo. Ovelhas malcuidadas adoecem e morrem. O pastor que não conhecia o estado de

---

[2]HENDRIKSEN, William. *João*, p. 446.
[3]CARSON, D. A. *The Gospel According to John*, p. 359.

suas ovelhas nem cuidava do seu rebanho estava laborando contra si mesmo. Estava construindo seu próprio fracasso.

As ovelhas viviam anos e anos sob o cuidado do pastor. Criava-se uma relação de proximidade.[4] Na parábola que Natã conta a Davi, um homem pobre que tinha uma "pequena cordeira que comprara e criara; ela crescera com ele e com seus filhos; comia da sua porção, bebia do seu copo e dormia em seus braços; e ele a considerava como filha" (2Samuel 12:3).

Deus é chamado de pastor de Israel. Israel é chamado de rebanho de Deus. O Messias nos é apresentado no livro de Salmos como o Bom Pastor que dá a vida pelas ovelhas (Salmos 22), como o Grande Pastor que vive para as ovelhas (Salmos 23) e como o Supremo Pastor que voltará para suas ovelhas (Salmos 24).

O Antigo Testamento frequentemente se refere a Deus como pastor e ao povo como rebanho (Salmos 23:1; 77:20; 79:13; 80:1; 95:7; 100:3; Isaías 40:11). F. F. Bruce afirma que a parábola inicial de Jesus neste capítulo deve ser lida observando o pano de fundo de Ezequiel 34. Ali, Deus é o pastor do seu povo e nomeia pastores subordinados para cuidar do seu rebanho. Mas esses pastores, como o pastor inútil de Zacarias 11:17, alimentam-se das ovelhas, em vez de as alimentar. Longe de cuidar das ovelhas, esses pastores se omitiam e sacrificavam as ovelhas, arrancando-lhes a lã e comendo-lhes as carnes. Esses pastores indignos são expulsos, e Deus

---

[4]BARCLAY, William. *Barclay's Daily Study Bible*.

mesmo cuidará de apascentar suas ovelhas. Deus entregará suas ovelhas a alguém digno de confiança: "E sobre elas levantarei um só pastor, o meu servo Davi, que cuidará delas e lhes servirá de pastor" (Ezequiel 34:23). Essa é uma referência inequívoca ao Messias, da linhagem de Davi (Ezequiel 34:24-25). Uma pessoa que fala como Jesus nessa parábola do Bom Pastor está dizendo, indiretamente, ser Ele mesmo o Messias davídico.[5]

Nos primeiros seis versículos de João 10, Jesus apresenta uma parábola na qual contrasta o "ladrão e assaltante" e o "pastor das ovelhas". Essa parábola só pode ser compreendida plenamente se nos reportarmos à prática pastoril daquela época, naquela região. Na Judeia, lugar de montanhas e vales, havia poucos lugares seguros com pastos suficientes para as ovelhas. Os pastores saíam com seus rebanhos, e à noite precisavam colocar suas ovelhas no aprisco, um lugar seguro para protegê-las dos lobos e hienas. Havia dois tipos de aprisco. No inverno, havia um grande aprisco para onde vários pastores levavam seus rebanhos. Esse aprisco tinha uma porta forte que ficava trancada, e a chave era confiada ao porteiro. Os ladrões tentavam roubar as ovelhas subindo as paredes. No dia seguinte, o pastor chamava suas ovelhas e saía com elas em busca de pastos verdes e águas tranquilas. No verão, quando as noites eram mais quentes, os pastores ficavam com seus rebanhos nos campos e os recolhiam a um pequeno aprisco

---

[5]BRUCE, F. F. *João*, p. 194.

EU SOU A PORTA DAS OVELHAS

de pedras. Esse aprisco tinha uma abertura por onde as ovelhas entravam e saíam, e o próprio pastor servia de porta.

Jesus está se referindo a esses dois apriscos e explicita na parábola a gritante diferença entre o ladrão e o pastor das ovelhas. O ladrão não entra pela porta do aprisco das ovelhas. Ele escala as paredes para roubar as ovelhas. Não é legítimo; é usurpador. Não tem interesse em cuidar das ovelhas, mas em roubá-las. Seu propósito não é servi-las, mas delas servir-se.

Já o pastor pode ser conhecido por seis marcas.

- Primeira, *o pastor entra pela porta*. "Mas o que entra pela porta é o pastor das ovelhas. O porteiro abre-lhe a porta" (João 10:2-3). O porteiro abre passagem para o pastor, pois ele é legítimo. Tem credenciais. Não precisa de subterfúgios para se aproximar das ovelhas, pois elas lhe pertencem. É seu dono, e seu trabalho é cuidar delas. O pastor tem cheiro de ovelhas. Ele as ama e tem intimidade com elas.
- Segunda, *o pastor é reconhecido pelas suas ovelhas*. "As ovelhas ouvem a sua voz" (João 10:3). Distinguem sua voz da voz dos estranhos. Pastores no Oriente Médio tinham o costume levar seus rebanhos para pastarem juntos, ou até mesmo se abrigavam no mesmo aprisco nas noites frias de inverno. Quando deixavam o lugar, cada pastor emitia um som particular, chamando seu rebanho, e suas ovelhas respondiam reunindo-se ao redor de seu pastor.[6]

---

[6]CARSON, D. A. *The Gospel According to John*, p. 382.

- Terceira, *o pastor conhece cada ovelha particularmente.* "Ele as chama pelo nome" (João 10:3). O Bom Pastor vai além de um pastor comum, que emitia um chamado coletivo para o seu rebanho. Ele trata cada uma pelo nome, o que significa que Ele as chama individualmente. O relacionamento do pastor com as ovelhas é pessoal. Elas lhe reconhecem a voz, e Ele sabe o nome de cada uma. Ainda que o rebanho seja numeroso, o pastor conhece cada ovelha pelo nome.
- Quarta, *o pastor conduz suas ovelhas para fora do aprisco.* "Depois de conduzir para fora todas as ovelhas que lhe pertencem" (João 10:4). O pastor guia pessoalmente suas ovelhas. Ele as leva para os campos verdes e as águas tranquilas. Guia suas ovelhas nas veredas da justiça. Mesmo quando atravessa com elas o vale da sombra da morte, jamais as desampara; ao contrário, consola-as com seu cajado e bordão. Mesmo nos desertos mais cáusticos, prepara para elas uma mesa e, diante de seus inimigos, unge sua cabeça com óleo.

A expressão "conduz para fora" é notável, pois se trata da mesma expressão em grego que designou a atitude dos fariseus de expulsarem o ex-cego. A repetição talvez não seja acidental: enquanto os falsos pastores expulsavam a ovelha para se verem livres de problemas, o verdadeiro pastor as conduz para fora a fim de alimentá-las.[7]

---

[7] *The Cambridge Bible for Schools and Colleges.*

- Quinta, *o pastor vai adiante das ovelhas*. "Vai adiante delas, e elas o seguem, pois conhecem a sua voz" (João 10:4). Jesus lidera; Ele não induz![8] Vai adiante para abrir o caminho, para afugentar os predadores, para livrar suas ovelhas de perigos. O pastor não toca as ovelhas como um vaqueiro toca o gado, empurrando-o; o pastor é um guia.
- Sexta, *o pastor é seguido pelas ovelhas*. "Mas jamais seguirão um estranho; pelo contrário, fugirão dele, pois não conhecem a voz dos estranhos" (João 10:5). Elas não seguem estranhos; seguem apenas o pastor. O fato de um pastor ir adiante de suas ovelhas e atraí-las a si constitui uma figura admirável da relação entre mestre e discípulo. As ovelhas seguem simplesmente porque reconhecem a voz do pastor; por isso mesmo, elas irão fugir de qualquer outro porque não reconhecem a voz de estranhos.[9]

Os fariseus não compreenderam a parábola de Jesus, pois na verdade eles não eram pastores, mas ladrões e salteadores. Não cuidavam das ovelhas, mas buscavam apenas seus interesses. Erdman diz que os fariseus não tinham adquirido o poder que exercem entrando "pela porta" de algum ofício ou função divinamente instituídos. Haviam subido "por outra parte". O seu poder despótico tinha sido conquistado por meios ilegais. Eram como ladrões, no engano e hipocrisia que revelavam, e como

---

[8]HENDRIKSEN, William. *João*, p. 456.
[9]CARSON, D. A. *The Gospel According to John*, p. 383.

salteadores, na sua violência e audácia. Cristo, ao contrário, viera comissionado divinamente no ofício designado de Messias. Ele era o verdadeiro pastor.[10]

A PORTA DAS OVELHAS

Se antes Jesus fez um contraste na parábola entre o pastor e os ladrões e salteadores (João 10:1-6), agora Ele faz um contraste entre a porta e os ladrões e salteadores (João 10:7-10). Jesus afirma categoricamente: "Eu sou a Porta das Ovelhas" (João 10:7). Ninguém pode entrar no aprisco de Deus senão por meio de Jesus. Não há outra porta. Não há outro caminho. Não há outro Salvador. Não há outro mediador. O próprio Jesus é a Porta das Ovelhas. Não se trata de uma cerimônia ou de uma doutrina. Não se trata de uma igreja nem de uma denominação. A Porta das Ovelhas é Jesus!

Quatro verdades podem ser observadas acerca de Jesus como a Porta das Ovelhas, como veremos a seguir.

Em primeiro lugar, *Jesus é a Porta das Ovelhas da salvação.* "Eu sou a Porta das Ovelhas. Se alguém entrar por mim, será salvo" (João 10:9). Jesus é a Porta das Ovelhas da salvação, a Porta das Ovelhas do céu. Há uma porta larga que conduz à perdição, mas só Jesus é a Porta das Ovelhas da salvação. Só Jesus é a Porta das Ovelhas do céu. Ninguém poderá entrar na bem-aventurança senão por Jesus. Ninguém poderá ir ao Pai

---

[10] ERDMAN, Charles. *O evangelho de João*, p. 80.

senão por Jesus. Não há salvação fora de Jesus. Ele é o caminho para Deus, a Porta das Ovelhas da salvação. Ninguém pode chegar a Deus por suas obras, nem mesmo por sua religiosidade. Somente Cristo é a Porta das Ovelhas.

Barclay diz que por meio de Jesus, e apenas por meio dele, o ser humano encontra acesso a Deus. "Por meio dele" disse Paulo, "temos acesso ao Pai" (Efésios 2:18). "Ele", disse o escritor aos Hebreus "é o novo e vivo acesso" (Hebreus 10:20). Jesus abre o caminho a Deus. Até Jesus vir, o ser humano poderia pensar em Deus, na melhor das hipóteses, como em um estranho, e na pior, como um inimigo. Mas Jesus veio para mostrar quem Deus é, e para abrir um caminho a Ele. Ele é a única porta por meio da qual se torna possível a seres humanos chegarem a Deus.[11]

Sem Jesus, a religião é vã. A fonte da salvação não está em nós, mas em Cristo. Não está em nossas obras, mas na obra consumada de Cristo. Não está em nossa fé, mas na morte substitutiva de Cristo. A fonte da salvação não está na igreja, mas naquele que é o Senhor e o Salvador da igreja.

A vida eterna não é uma questão de abraçar uma filosofia religiosa ou defender uma doutrina bíblica. A vida não está numa instituição, mas se fundamenta numa pessoa, Jesus.

Em segundo lugar, *Jesus é a Porta das Ovelhas da libertação* "Se alguém entrar por mim [...] Entrará e sairá" (João 10:9). Há portas que conduzem ao cativeiro e à escravidão. São portas largas e espaçosas, mas desembocam em becos estreitos

---

[11] BARCLAY, William. *Barclay's Daily Study Bible*.

e escuros que levam a masmorras insalubres. Aqueles que entram por essas portas não conseguem sair. Tornam-se prisioneiros do pecado, dos vícios, das muitas paixões mundanas. Jesus, porém, é a Porta das Ovelhas que conduz à liberdade. Quem entra pela Porta das Ovelhas que é Jesus entra e sai. As ovelhas de Cristo são livres. Deus nos chamou para a liberdade.

Barclay comenta que essa era uma expressão muito comum aos judeus. Entrar e sair sem perturbação descrevia a vida que é absolutamente segura. Jesus oferece essa segurança às suas ovelhas.[12]

Em terceiro lugar, *Jesus é a Porta das Ovelhas da provisão.* "Se alguém entrar por mim [...] achará pastagem" (João 10:9). Quem entra pela Porta das Ovelhas que é Jesus encontra pastagem. Ele é a própria provisão das ovelhas. Nele há provisão farta e vida abundante. A nossa provisão espiritual é encontrada em Cristo. Ele é o nosso alimento. Ele é o Pão da Vida. Ele é a água da vida. O legalismo farisaico estava matando as pessoas; mas quem vai a Jesus encontra uma vida maiúscula, superlativa e abundante.

Somente Cristo nos satisfaz. Só Ele pode preencher o vazio existencial que temos no peito. Só Ele pode nos dar a vida eterna. Só Ele pode perdoar os nossos pecados. Só Ele pode nos reconciliar com Deus. O cristianismo não é uma religião, mas uma pessoa. Ser cristão não é abraçar um sistema teológico, é render-se a uma pessoa. A vida eterna não é apenas

---

[12] BARCLAY, William. *Barclay's Daily Study Bible.*

adentrar pelos portais de um vasto e interminável tempo, mas, sobretudo, é conhecer uma pessoa. Jesus é o centro do cristianismo. Ele é tudo em todos. Ele é tudo na criação. Tudo na providência. Ele é tudo nas Escrituras, na redenção, na história e na eternidade. O evangelho é boas novas acerca da pessoa de Cristo. Ele é a provisão de Deus para a nossa salvação. Em nenhum outro nome há salvação. Só Ele é o caminho que conduz a Deus. Só Ele é a Porta das Ovelhas do céu. Só nele há vida eterna.

Em quarto lugar, *Jesus é a Porta das Ovelhas da vida abundante*. "Eu vim para que tenham vida, e a tenham com plenitude" (João 10:10). Essa afirmação sugere ovelhas gordas, satisfeitas, bem-nutridas, e não animais aterrorizados por bandidos. Assim, a vida abundante das ovelhas de Jesus não se resume a uma vida que não acaba, mas a vida vivida da melhor maneira que se pode imaginar.[13] Jesus é a vida e veio para dar vida — vida plena, abundante e eterna. Nele encontramos paz, descanso, direção, proteção, vitória e companhia eterna.

OS LADRÕES DAS OVELHAS

Como vimos, o propósito inicial desse discurso de Jesus era contrapor os falsos líderes, representados pelos ladrões de ovelhas, ao verdadeiro líder, que é a Porta das Ovelhas. Agora, veremos duas marcas dos ladrões e salteadores.

---

[13] CARSON, D. A. *The Gospel According to John*, p. 385.

- Primeira, *quanto ao seu ofício, os ladrões e salteadores não têm legitimidade*. Os que vieram antes de Cristo são ladrões e salteadores. E, obviamente, Jesus não está se referindo a João Batista nem aos profetas, pois estes apontaram para Jesus e foram fiéis em seu ministério. É claro que Jesus está falando sobre os líderes que, em vez de conduzirem as ovelhas em segurança ao aprisco de Deus, afugentaram as ovelhas como os fariseus fizeram com o homem que foi expulso (João 9:34). Os fariseus, chamados por Jesus de filhos do Diabo, agiam como o ladrão que vem roubar, matar e destruir (João 10:10).

Além dos fariseus, nos dias de Jesus havia falsos messias que prometiam levar o povo à liberdade. No fim, porém, conduziam as pessoas a guerras, sofrimento e escravidão.[14] Esses eram insurgentes que insistiam em rebeliões, violência, assassinatos e banhos de sangue como o único meio de alcançar a liberdade. Tais homens diziam-se enviados por Deus, mas conduziam o povo para cada vez mais longe de Deus.[15] De fato, muitos judeus, subjugados pelos romanos desde o ano 63 a.C., esperavam um messias político, guerreiro, que implantasse seu reino pela força. Jesus, porém, adquire para o seu povo uma liberdade que não foi conquistada por espada nem escudo, mas pela cruz.

---

[14] CARSON, D. A. *The Gospel According to John*, p. 385
[15] BARCLAY, William. *Barclay's Daily Study Bible*.

- Segunda, *os ladrões e salteadores quanto à sua ação são devastadores*. O ladrão vem somente para roubar, matar e destruir. Em primeira instância, o ladrão aqui é o fariseu (João 10:1). Esses líderes religiosos matavam e destruíam as pessoas que eles tinham roubado (Mateus 23:15).[16] O ladrão não tem outra agenda a não ser roubar, matar e destruir. Ele vem somente para isso. Esse é um retrato imediato dos fariseus. Também aponta para todos os líderes religiosos que oprimem e destroem o povo em vez de apascentá-lo. Essa é uma descrição clara do próprio Diabo, inspirador de todos os falsos pastores.

O falso pastor é inescrupuloso com as suas vítimas. Ele seduz as pessoas com palavras de bajulação, falsas promessas e vãs esperanças. Faz comércio das pessoas, tirando-lhes não somente os bens, mas deixando-as falidas e desiludidas espiritualmente. É lobo em pele de ovelha. Deus diz que a mensagem pregada pelos falsos pastores faz o povo se esquecer dele e da sua Palavra. Os falsos profetas enganam o povo substituindo a Palavra de Deus pelas suas próprias ideias. Os judeus já tinham o Antigo Testamento para obedecer, mas os fariseus criaram centenas de mandamentos e tradições humanos para oprimir o povo. Eles não possuíam nenhuma sensibilidade espiritual. Eram legalistas e sempre procuravam tornar a

---

[16] HENDRIKSEN, William. *João*, p. 461.

religião mais pesada. Tudo ao contrário da graça de Jesus (Mateus 11:28-30).

Jesus disse que os escribas e fariseus não entravam no reino de Deus e não deixavam ninguém entrar (Mateus 23:13). Eles não se salvam nem pregam a salvação. Os fariseus faziam um esforço elogiável para fazer prosélitos para o farisaísmo, e não para Deus. O objetivo deles não era a glória de Deus nem o bem das pessoas, mas o crédito pessoal de fazer prosélitos e tê-los como presas. Eram hipócritas — alegavam ter um relacionamento com Deus, mas não tinham, apenas fingiam ter. E o pior — tiravam proveito disso. Por isso Jesus é implacável com os falsos líderes, chamando-os de lobos roubadores com peles de ovelhas, hipócritas, serpentes e raça de víboras. Os hipócritas, embora se julguem filhos de Deus, são filhos do Diabo, ou filhos do inferno.

CONCLUSÃO

O Diabo é um enganador — promete liberdade e escraviza; promete prazer e aflige; promete vida e mata. Há portas que, depois de o ser humano adentrá-las, não consegue mais sair. São portas que levam a caminhos de escravidão e de morte. O mundo faz promessas mirabolantes. Oferece o pecado no banquete da iniquidade, como se fosse a mais deliciosa iguaria. Mas o pecado é uma fraude. Parece doce ao paladar, mas depois é amargo no estômago. Seu prazer é momentâneo, e seu desgosto é eterno. Sua alegria é passageira, mas sua tristeza não tem fim.

Jesus, porém, veio para nos dar vida, e vida em abundância. A vida que Cristo oferece é maiúscula e superlativa. Diferentemente do ladrão que veio para roubar, matar e destruir, Jesus veio para que experimentássemos uma alegria permanente, uma paz duradoura e uma felicidade eterna.

Jesus não é apenas uma porta. Ele é a Porta das Ovelhas. Aqueles que entram por ela encontram pastagens. Ele nos liberta do medo, do pecado, do Diabo, da morte. Ele oferece vida abundante, maiúscula, superlativa, eterna. Só Jesus tem vida para valer. Só Ele satisfaz a alma.

A verdadeira felicidade está em conhecer Jesus, experimentá-lo e fruí-lo. Não se trata de um conhecimento apenas teórico. Não é apenas um assentimento intelectual crer em Jesus, como diz a Escritura, é uma experiência maravilhosa. Não temos mais fome, pois Ele é o Pão da Vida. Não andamos em trevas, pois Ele é a Luz do Mundo. Não temos mais medo, pois Ele é a Porta das Ovelhas que nos mantém seguros. Embora o céu seja uma realidade a ser desfrutada no porvir, as alegrias da vida eterna começam aqui e agora.

Capítulo quatro

EU SOU O BOM PASTOR

ENTRE TANTOS NOMES de Jesus, Bom Pastor é um dos que mais nos chama a atenção. Jesus nos chama de ovelhas, e a ovelha é um animal indefeso, inseguro e míope, que não pode alimentar a si mesma, proteger a si mesma, nem limpar a si mesma. A ovelha é totalmente dependente. Há um gritante contraste entre o poder do divino pastor e a fragilidade da ovelha. Há um gritante contraste entre as necessidades da ovelha e a rica provisão oferecida pelo pastor.

A declaração de Jesus "Eu sou o Bom Pastor" se dá no contexto da declaração anterior, "Eu sou a Porta das Ovelhas". Ainda na cidade de Jerusalém, Jesus confrontava os fariseus que haviam expulsado o ex-cego curado por Jesus. Essa atitude de expulsá-lo revelava que eles não eram verdadeiros pastores do rebanho de Deus, mas "ladrões e assaltantes" (João 10:8), que se serviam das ovelhas em vez de cuidarem delas. Como ladrões, suas ações eram devastadoras, pois o propósito do ladrão é somente "roubar, matar e destruir" (João 10:10). Contra esse pano de fundo escabroso, Jesus declara: "Eu sou o Bom Pastor; o Bom Pastor dá a vida pelas ovelhas" (João 10:11).

O BOM PASTOR *VERSUS* O EMPREGADO

Na sequência dessa declaração, Jesus faz outro contraste, agora entre o pastor e o empregado, ou "mercenário". O empregado era alguém contratado para cuidar das ovelhas, mas não era pastor nem dono das ovelhas. Fazia o seu trabalho para receber um salário. Não estava ali para arriscar sua vida e, sim, para ganhar seu sustento. O pastor, porém, sendo dono das ovelhas, importa-se com elas, defende-as e até está pronto a dar sua vida por elas.

O empregado não é o ladrão nem o salteador, mas um trabalhador contratado para cuidar das ovelhas. Ele toma conta delas em troca do seu salário. Suas intenções não são necessariamente más, ele apenas está mais comprometido com seu bem-estar do que com o das ovelhas. Não há nele qualquer disposição de enfrentar riscos para defender as ovelhas.

Não podemos afirmar com certeza se o empregado correspondia a alguém da estrutura religiosa da época de Jesus. A despeito disso, seu papel nesse discurso é ressaltar as características do Bom Pastor, ao qual o empregado é comparado.

Vejamos, agora, três características do empregado.

- Primeira, *o empregado não é pastor*. O empregado não conhece as ovelhas, não ama as ovelhas, não se interessa pelas ovelhas. Ele é apenas um empregado, um assalariado que cuida das ovelhas em troca de seu sustento. Pastorear ovelhas não é o seu chamado, mas o meio que possui de ganhar algum dinheiro. Ele não tem senso do tamanho da responsabilidade de sua tarefa, nem do valor daquilo que protege — seu interesse está unicamente no salário que receberá.

- Segunda, *o empregado não é o dono das ovelhas*. Ele não tem cuidado pelas ovelhas. Se uma delas se desgarra do rebanho, ele não vai atrás dela. Se as ovelhas ficam enfermas, ele não se esmera para curá-las. Se alguma é atacada por uma fera, ele não lamenta. Jesus, porém, é o dono das ovelhas. Ele nos comprou com o seu sangue (1Pedro 1:18). Nós somos suas ovelhas. Somos propriedade exclusiva dele. Somos a sua herança, a sua delícia, a menina dos seus olhos. Fomos selados por Deus. O selo nos diz que somos propriedade exclusiva de Deus. O selo nos diz que somos propriedade inviolável de Deus. O selo nos diz que somos propriedade legítima e genuína de Deus.

- Terceira, *o empregado não se sacrifica pelas ovelhas*. Quando um lobo ataca o rebanho, o empregado foge. Seu interesse é poupar sua vida, e não a das ovelhas. Ele está interessado em sua segurança, e não no bem-estar das ovelhas. Ele foge porque não tem cuidado com as ovelhas. Ele não é o pastor nem o dono das ovelhas.

O profeta Zacarias aponta o descuido como a característica do pastor inútil e insensato (Zacarias 11:15-17). Barclay conclui que o argumento de Jesus é que quem trabalha apenas por recompensa pensa principalmente no dinheiro; quem trabalha por amor pensa principalmente nas pessoas que serve.[1]

---

[1] BARCLAY, William. *Barclay's Daily Study Bible*.

Há pastores que olham para as ovelhas em termos daquilo que elas podem lhes render, e não de como eles podem servi-las. Esses pastores visam o lucro, e não o bem das ovelhas. Eles querem tosar as ovelhas, e não cuidar das ovelhas. Eles querem que as ovelhas deem a vida por ele, em vez de ele dar sua vida pelas ovelhas. Há outros pastores que parecem mercenários. Esses são obreiros fraudulentos que exploram as ovelhas e tentam tirar alguma vantagem delas. Em vez de investir o tempo, o coração e a vida na vida das ovelhas, eles tentam extrair delas tudo o que podem. São pastores de si mesmos, e não pastores do rebanho de Deus.

CARACTERÍSTICAS DO PASTOR MARAVILHOSO

Em João 10:11, Jesus se apresenta como o Bom Pastor que dá vida pelas suas ovelhas. Jesus não é apenas pastor, mas o Bom Pastor. Não é apenas *um* Bom Pastor, mas *o* Bom Pastor. Jesus é singular. Não há outro igual a Ele. Em que consiste essa singularidade? No fato de que Jesus deu sua vida pelas suas ovelhas. Ele morreu pelas suas ovelhas. Mas sua morte é distinta de todas as outras mortes. A morte de Jesus foi substitutiva. Ele morreu vicariamente. Morreu em nosso lugar, levando sobre si nossas transgressões. Jesus morreu pelas suas ovelhas. Verteu o seu sangue para redimi-las. Derramou a sua alma na morte para que suas ovelhas pudessem viver eternamente. Sofreu sede cruel para que suas ovelhas pudessem beber a água da vida. Foi feito pecado, para que suas ovelhas pudessem ser justificadas. Foi feito maldição para que suas ovelhas fossem benditas. Suportou a ira de Deus para que suas ovelhas recebessem a graça de Deus.

O adjetivo "bom" aqui não é *agathos*, o termo grego que Jesus usa, por exemplo, para falar do servo *"bom e fiel"* em Mateus 25. *Agathos* tem o sentido genérico de algo bom. A palavra usada por Jesus é *kalos*, um termo mais específico. O sentido básico desse vocábulo é "maravilhoso". *Kalos* indica o caráter nobre e admirável de Jesus. Esse pastor corresponde a um ideal tanto em caráter como em sua obra. Ele é único em sua categoria.[2] O autor aos Hebreus, no capítulo 13, versículo 20, nos fala que o Jesus ressurreto dentre os mortos é o grande pastor das ovelhas, aquele que nos aperfeiçoa em todo o bem para cumprirmos a vontade de Deus. E o apóstolo Pedro, em sua primeira epístola, capítulo 5, versículo 4, fala-nos do supremo pastor que se manifestará para dar às suas ovelhas a imarcescível coroa da glória.

Várias verdades devem ser destacadas sobre Jesus como o Bom Pastor.

Em primeiro lugar, *o Bom Pastor sacrifica-se pelas ovelhas*. Jesus não é apenas pastor. Ele é o Bom Pastor. O Bom Pastor não é aquele que oprime, explora e devora as ovelhas, mas aquele que dá a vida por elas. Jesus deixa isso explícito nos versículos 11 e 15. Os fariseus haviam acabado de expulsar o

---

[2] HENDRIKSEN, William. *João*, p. 461.

cego curado por Jesus. Eles usavam seu poder eclesiástico para oprimir as pessoas e lançá-las fora. Jesus, o Bom Pastor, veio não para expulsar as ovelhas, mas para dar a vida por elas. Jesus veio para morrer pelas ovelhas. Ele amou as ovelhas e por elas se entregou. Concordo com William Barclay quando ele diz que Jesus não foi uma vítima das circunstâncias. Não foi como um animal que se arrasta para o sacrifício contra sua vontade. Jesus entregou sua vida voluntariamente.[3] Como Jesus deu sua vida pelas ovelhas?

- *Ele se deu voluntariamente.* As pessoas não puderam tirar sua vida. Ele voluntariamente a entregou para tornar a reassumi-la. Não foi Judas que, por ganância, levou Jesus à cruz. Não foi Pedro que, por covardia, negou a Jesus e o levou à cruz. Não foi o Sinédrio judaico que, por inveja, julgou Jesus réu de morte e o levou à cruz. Não foi Pilatos que, por conveniência política, sentenciou Jesus à morte e o levou à cruz. Não foi a multidão ensandecida, insuflada pelos sacerdotes, que levou Jesus à cruz. Ele foi para a cruz voluntariamente. Ele se entregou por amor. Ele se deu voluntariamente.
- *Ele se deu sacrificialmente.* Ele não amou suas ovelhas apenas com palavras. Verteu seu sangue pelas ovelhas. Não havia outro meio mais ameno. Não havia outro caminho de salvação. Para resgatar suas ovelhas, a lei de Deus, que

---

[3]BARCLAY, William. *Juan II*, p. 78.

havia sido violada, precisava ser obedecida. A justiça de Deus, que havia sido ultrajada, precisava ser satisfeita. Somente o sacrifício de Cristo, o Cordeiro sem mácula, poderia salvar as ovelhas.

- *Ele se deu vicariamente*. Jesus morreu em lugar das ovelhas. Sua morte não apenas possibilitou a salvação das ovelhas, mas realmente a efetivou. O sacrifício de Cristo foi substitutivo. Ele morreu em lugar das ovelhas. Ele pagou a dívida delas. Não morreu para abrandar o coração de Deus, mas como expressão do amor de Deus. Não foi a cruz que inundou o coração de Deus pelas ovelhas, mas foi o coração inundado de amor por elas que providenciou a cruz. A cruz é o maior arauto do amor de Deus. Nela, Jesus morreu por pecadores. Nela, o Justo morreu pelos injustos. Nela, encontramos uma fonte de vida e salvação. Em cinco ocasiões ao longo desse sermão, Jesus afirma claramente a natureza sacrificial de sua morte (João 10:11,15,17,18). Ele não morreu como um mártir, executado por homens; morreu como um substituto, entregando a vida voluntariamente por suas ovelhas.

Em segundo lugar, *o Bom Pastor conhece intimamente suas ovelhas*. Entre o pastor e suas ovelhas há um conhecimento mútuo profundo. O pastor conhece as ovelhas, e as ovelhas conhecem o pastor. Esse conhecimento não é apenas teórico e intelectual, mas íntimo, estreito, místico. O Bom Pastor tem intimidade com suas ovelhas. Deleita-se no relacionamento com elas. Não somos chamados mais de servos, mas de amigos. Assim como o Pai conhece a Jesus e como Ele conhece o Pai, da mesma forma suas ovelhas o conhecem. É um relacionamento pessoal, profundo e íntimo. A vida eterna é comunhão com Deus e com Cristo. A vida eterna é intimidade com Deus e com Jesus. Vamos estar com Ele, vê-lo face a face. Vamos ser como Ele é. Vamos glorificá-lo e reinar com Ele. Vamos servi-lo e fruí-lo por toda a eternidade.

Em terceiro lugar, *o Bom Pastor tem outras ovelhas que ainda não estão no aprisco*. Deus prometeu dar a Abraão uma numerosa descendência. Pessoas de todas as tribos, povos, línguas e nações foram compradas por Deus, e essas pessoas precisam ouvir a voz do pastor e serem agregadas ao aprisco de Deus. O rebanho de Cristo ainda não está completo. Há outras ovelhas dispersas que precisam ser levadas para o aprisco. Isso significa que precisamos fazer missões até os confins da terra. O Bom Pastor morreu para comprar com o seu sangue os que procedem de toda tribo, língua, povo e nação (Apocalipse 5:9). As ovelhas que ainda estão dispersas precisam ser conduzidas por Cristo. É Ele quem chama essas ovelhas e as chama pelo evangelho (João 10:16b; 17:20). Jesus disse que elas ouvirão a sua voz (João 10:16c). Isso significa que a proclamação do evangelho é uma missão vitoriosa, pois a vocação é eficaz, e o chamado é irresistível. Jesus não apenas estabelece a missão e garante a vocação eficaz, mas também promete comunhão universal com todos os salvos: "e haverá um rebanho e um pastor" (João 10:16d).

A igreja de Cristo, o rebanho do Bom Pastor, não é uma denominação. É um rebanho composto por todas as ovelhas, por todos aqueles e só aqueles que foram lavados no sangue de Jesus. Concordo com William Hendriksen quando ele diz que uma grande verdade é proclamada aqui, a saber: o rebanho de Cristo não estaria mais confinado aos crentes dentre os judeus. Um novo período estava alvorecendo. A igreja se tornaria internacional. A grande bênção do Pentecostes e a era evangélica que o seguiria são preditas aqui.[4]

Em quarto lugar, *o Bom Pastor tem uma voz poderosa*. A voz de Deus vem no fogo, na tormenta, no vento, na tempestade, na brisa suave, no conselho de um pai, na exortação de uma mãe, na palavra de um amigo, na leitura de um livro, na exposição das Escrituras, na melodia de um hino. A voz de Deus ecoa nos milagres, na visitação dos anjos, nos atos de juízo. A voz de Deus é meiga como a voz da ama que acaricia o seu filho; mas também, forte como a tempestade desaçaimada. Para conquistar você, Deus vai sussurrar, chamar, gritar, tocar, trovejar aos seus ouvidos. Seu alvo não é deixar você sossegado, é salvar a sua vida.

Quando uma ovelha pela qual Jesus, o Bom Pastor, verteu o seu sangue ouve e atende à voz do evangelho, Jesus a conduz ao aprisco. O evangelho é o poder de Deus para a salvação de todo aquele que crê. A eleição divina, longe de ser um desestímulo à pregação, é a garantia do seu sucesso.

---

[4]HENDRIKSEN, William. *João*, p. 466.

Em quinto lugar, *o Bom Pastor tem um só rebanho*. Há muitas igrejas e muitas denominações, mas um único rebanho. Há um só povo, uma só igreja verdadeira, uma só família, uma só noiva, uma só cidade santa. Todos aqueles que creem em Cristo e seguem-no como o Bom Pastor fazem parte desse rebanho.

Concordo com Barclay quando ele afirma que a única unidade possível para os seres humanos é sua filiação comum a Deus. No mundo há divisão entre nação e nação, e na nação há divisões entre classes. Jamais poderia haver uma só nação e uma só classe. A única coisa que pode transpor barreiras e varrer as diferenças é o evangelho de Jesus Cristo, anunciando a paternidade do Pai que se estende a todos, independentemente de sua nacionalidade.[5]

Em sexto lugar, *o Bom Pastor morreu voluntariamente e ressuscitou pelas ovelhas*. O Bom Pastor é o Filho de Deus, o amado do Pai. Ele não morreu como um mártir, nem como uma vítima do sistema. Embora os judeus e gentios se tenham mancomunado para pregá-lo na cruz, sua morte foi voluntária. Sua morte não foi um acidente, nem sua ressurreição foi uma surpresa. O Bom Pastor tem poder para dar sua vida e reassumi-la.

F. F. Bruce diz que "Os leitores do evangelho sabiam que Jesus não somente se expôs a perigos de morte em prol do seu povo, mas acabou mesmo 'colocando-se entre ele e seu inimigo, voluntariamente morrendo em seu lugar'".[6]

---

[5]BARCLAY, William. *Barclay's Daily Study Bible*.
[6]BRUCE, F. F. *João*, p. 197-198.

AS OVELHAS

Quando os judeus ouviram Jesus falar novamente sobre seu profundo relacionamento com o Pai, ou seja, seu amor e seu mandato de dar a vida e reassumi-la (João 10:17-18), muitos tentaram demover os ouvintes, lançando uma blasfema acusação: "Ele está endemoniado e perdeu o juízo; por que o escutais?" (João 10:20).

Porém, logo os judeus o abordariam com uma pergunta inquietante. Jesus já havia feito muitas declarações que soavam perturbadoras para os judeus: *Eu sou o Pão da Vida. Eu sou a Luz do Mundo. Eu sou o Bom Pastor*. Mas ainda não havia dito a eles claramente, como dissera à mulher samaritana, "Eu sou o Messias". Esse era o ponto decisivo. Eles esperavam o Messias. Eles o rodearam e lhe perguntaram: "Até quando nos deixarás em suspense? Se tu és o Cristo, dize-nos abertamente" (João 10:24).

Jesus oferece uma resposta esclarecedora. Ele reprova a incredulidade dos judeus, respondendo-lhes que já havia dito para eles quem era, e que as obras que Ele fazia em nome do Pai testificavam a seu respeito. O problema da incredulidade dos judeus devia-se ao fato de não serem eles suas ovelhas (João 10:26). Aqueles que não são suas ovelhas endurecerão o coração. Esses seguirão à voz de estranhos e mercenários, em vez de dar ouvidos à voz do pastor.

Há dois tipos de chamado: um externo e outro interno. Um é dirigido aos ouvidos, e outro, ao coração. Jesus disse que muitos são chamados, mas poucos escolhidos. Jesus faz ver aos seus inquiridores que não é por falta de provas que eles não creem, mas porque não têm perfeita disposição moral.

Depois de dizer aos judeus que eles não criam porque não eram suas ovelhas, Jesus passa a falar sobre os privilégios de suas ovelhas.

Em primeiro lugar, *as ovelhas ouvem a voz do pastor*. Não ouvem a voz de estranhos, mas a voz do pastor. Jesus morreu pelas suas ovelhas. Jesus não morreu para possibilitar a salvação; Ele morreu para salvar. Sua morte foi vicária, ou seja, substitutiva. Ele viabilizou nossa compra; Ele nos comprou com o seu sangue. A expiação é ilimitada quanto à sua eficácia e limitada àqueles que creem, ou seja, a todos aqueles que o Pai leva a Jesus. Na verdade, ninguém pode ir a Cristo se o Pai não o levar. Aqueles que Deus conheceu de antemão por seu deliberado amor, a esses predestinou incondicionalmente para a vida eterna. E aqueles que Deus predestinou desde os tempos eternos, também a esses chamou com santa e eficaz vocação.

As ovelhas de Cristo ouvem sua voz e o seguem. A graça é irresistível. Os que são de Cristo ouvem as palavras de Cristo. Os que são de Deus ouvem a voz de Deus. Um dia, você ouviu a voz do pastor e atendeu a ela. Você ouviu uma mensagem. Você leu um folheto. Você foi tocado por uma passagem das Escrituras, e o Espírito Santo abriu seu coração. O Espírito Santo plantou em você a divina semente. O Espírito Santo regenerou você. Você então atendeu ao chamado e respondeu com arrependimento e fé. Você foi justificado e selado com o Espírito Santo.

Em segundo lugar, *as ovelhas são conhecidas do pastor*. As ovelhas são amadas pelo pastor e conhecidas por Ele pessoalmente. As ovelhas de Cristo têm o seu selo. Jesus conhece você pessoalmente, profundamente, amorosamente. Ele sabe o seu nome. Jesus conhecia Simão (João 1:42) e chamou Zaqueu pelo nome (Lucas 19:5). Antes de você nascer, Jesus já o amava. Antes de você ser formado no ventre da sua mãe, Ele já tinha seus olhos postos em você. Ele amou você primeiro. Escolheu você não por causa dos seus méritos, mas por causa da generosa graça dele. Jesus conhece sua natureza. Embora todos sejamos iguais, cada ovelha possui uma característica especial. Jesus conhece as nossas necessidades e as supre.

Nossa segurança está no fato de Deus nos conhecer. O conhecimento de Deus não é apenas um assentimento intelectual, mas sobretudo um afeto relacional. Quando a Palavra diz que Deus nos conhece, quer dizer que Deus nos ama e nos ama com amor eterno. Nossa segurança não está simplesmente no fato de que conhecemos a Deus, mas no fato de Ele nos conhecer (Gálatas 4:9). O apóstolo Paulo, nessa mesma linha de pensamento, diz: "Entretanto, o firme fundamento de Deus permanece, tendo este selo: O Senhor conhece os que lhe pertencem" (2Timóteo 2:19).

Deus também conhece aqueles que nele se refugiam (Naum 1:7). Jesus conhece suas ovelhas, dá-lhes a vida eterna, e ninguém as arrebata de suas mãos. Em Deus encontramos segurança inabalável. Nele temos salvação eterna, pois Ele é refúgio seguro no dia da angústia; é torre forte que nos abriga do temporal; é a cidade de refúgio que nos livra dos vingadores de sangue.

Em terceiro lugar, *as ovelhas seguem o pastor*. As ovelhas ouvem e seguem. O pastor é seu guia. O pastor é seu líder. Elas andam nas veredas da justiça. O Bom Pastor vai à nossa frente. Ele não nos empurra. Não nos fustiga. Não nos ameaça com açoites. Ele vai à nossa frente. Prepara-nos pastos verdes. Leva-nos às águas tranquilas. Atravessa conosco o vale da sombra da morte. Prepara para nós uma mesa no deserto. Unge a nossa cabeça com óleo e faz o nosso cálice transbordar.

Uns escutam a voz de Deus e são quebrantados; outros a escutam e se endurecem. O mesmo sol que amolece a cera endurece o barro. A mesma mensagem que salva uns condena outros. Só as ovelhas de Cristo ouvem a sua voz e o seguem. Só aqueles que dão guarida à voz da sabedoria encontram a vida e seguem o caminho da verdade. Os que vivem na impiedade e praticam a perversidade rejeitam a abedoria e serão rejeitados por ela.

Em quarto lugar, *as ovelhas recebem vida eterna*. A vida eterna não é uma conquista das obras, mas uma oferta da graça. É um presente concedido pelo pastor. As bênçãos destinadas à ovelha de Cristo não são apenas terrenas, mas também celestiais. Não são apenas temporais, mas também eternas. Não são apenas para agora, mas também para a eternidade. Essa vida não pode ser interrompida nem perdida; do contrário, não seria eterna. As ovelhas de Cristo nasceram de novo. Nasceram de cima, do céu. Têm seu nome arrolado no livro da vida. Elas pertencem ao rebanho de Deus. Estão no aprisco de Deus. Foram predestinadas na eternidade e, na mente e nos decretos de Deus, já estão no céu. A vida eterna não é comprada por mérito nem obtida mediante obras. Essa vida é uma dádiva divina. É um presente da graça.[7] É gratuita, mas não barata. Os dons de Deus são irrevogáveis. O Senhor nos dá a vida eterna e não a toma de volta!

Em quinto lugar, *as ovelhas recebem segurança eterna*. O Pai e o Filho garantem às ovelhas segurança eterna. William Barclay diz corretamente que isso não significa que as ovelhas sejam livres de dor, sofrimento e morte. Significa que no momento mais amargo e na hora mais escura seguem sendo conscientes dos braços eternos que as rodeiam e as sustentam. Conhecem uma segurança que todos os perigos e alarmes do mundo não podem fazer naufragar. Até no mundo que se precipita para o abismo, elas conhecem a serenidade de Deus.[8]

As ovelhas de Cristo jamais perecem. Elas são uma dádiva do Deus Pai ao Deus Filho. São o bem mais precioso de Jesus. São sua herança particular. Cristo não é homem para mentir. A nossa garantia não está baseada nos nossos méritos nem na nossa força. A segurança da salvação não tem como alicerce a nossa fé ou mesmo a nossa perseverança, mas a promessa

---

[7]HENRY, Matthew. *Comentário Bíblico Matthew Henry*, p. 911.
[8]BARCLAY, William. *Juan II*, p. 85.

daquele que não pode falhar. Nossa âncora segura é o próprio supremo pastor. Nele está nossa certeza. Ele é a âncora da nossa esperança.

Jesus está dizendo que nem os lobos (os falsos mestres) nem o Diabo podem nos arrebatar das suas mãos (Romanos 8:31-39). Nossa segurança é absoluta. Nossa salvação tem sua base e sua consumação no céu. Nossa salvação tem sua garantia em Deus e nos seus decretos eternos. Nossa salvação é assegurada pelo sacrifício perfeito, suficiente, cabal e vicário de Cristo.

Jesus diz que, da mão do Pai, ninguém pode arrebatar suas ovelhas, e Ele e o Pai são um. Estamos seguros nas mãos do Pai e do Filho. Temos a Trindade como garantia da nossa eterna salvação. Estamos escondidos com Cristo em Deus (Colossenses 3:3). Estamos assentados com Cristo nas regiões celestiais. Estamos nas mãos daquele que se assenta no alto e sublime trono. Estamos nas mãos daquele que governa os céus e a terra.

D. A. Carson afirma que, com essas palavras finais, Jesus assegura que tanto o Pai como o Filho estão engajados na preservação das ovelhas de Jesus. Tudo o que Jesus diz e faz está sob a vontade do Pai. Assim, quem poderia roubar a Deus? Quem teria poder suficiente para tomar algo das mãos de Deus?[9] Essa é a segurança que as ovelhas de Jesus podem ter.

---

[9] CARSON. D. A. *The Gospel According to John*, p.394.

CONCLUSÃO

Esta é a quarta declaração de Jesus no Evangelho escrito por João. Enquanto os líderes religiosos de Israel eram falsos pastores, Jesus se apresentou como o Bom Pastor e destacou que o Bom Pastor dá sua vida pelas ovelhas. Enquanto os falsos líderes eram ladrões e mercenários que roubavam as ovelhas e não se sacrificavam por elas, Jesus veio ao mundo para dar sua vida pelas suas ovelhas.

A ovelha de Cristo tem paz, e isso por várias razões. Mesmo sendo tão frágil e indefesa, ela tem um Pastor onipotente para defendê-la. Mesmo sendo tão carente, tem toda a provisão e suficiência em Deus. Nada lhe faltará. Mesmo sendo pobre e necessitada, seu Pastor sempre lhe provê o melhor desta terra, conduzindo-a a pastos verdes e águas tranquilas. Mesmo sendo ela míope e não discernindo todos os perigos do caminho, seu Pastor a conduz por veredas de justiça. Apesar de ser assaltada por temores e aflições, seu Pastor refrigera a sua alma. Mesmo atravessando os vales escuros e perigosos, onde a morte espreita por todos os lados, seu Pastor a protege e a livra de todos os temores. Mesmo quando cruza desertos tórridos e enfrenta tempos difíceis de estiagem, seu Pastor lhe prepara uma mesa no deserto, concedendo-lhe alegria e honra.

A ovelha de Jesus nunca anda só. Tem como escoltas divinas, todos os dias, a bondade e a misericórdia. Por sua bondade, Jesus lhe dá o que ela não merece; por sua misericórdia, Ele não lhe dá o que ela merece. A ovelha merece juízo, mas

Jesus lhe dá graça sobre graça. Quando a jornada aqui terminar, então, a ovelha vai morar com seu Pastor por toda a eternidade, na casa do Pai. Como supremo pastor, Jesus voltará com grande glória e poder, e nos levará para a casa do Pai, onde desfrutaremos de bem-aventurança sem fim. Então, seremos um só rebanho e teremos um só pastor.

Capítulo cinco

EU SOU A RESSURREIÇÃO E A VIDA

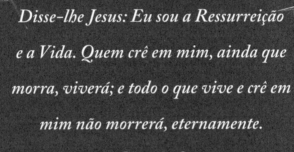

Disse-lhe Jesus: Eu sou a Ressurreição e a Vida. Quem crê em mim, ainda que morra, viverá; e todo o que vive e crê em mim não morrerá, eternamente. Crês isto?

João 11:25-26

A RESSURREIÇÃO DE LÁZARO foi o último dos maiores milagres públicos operados por Jesus antes de Ele ser preso e morto na cruz. Este milagre público de Jesus tem um duplo efeito: desperta fé (João 11:45) e causa incredulidade (João 11:46-57). William Hendriksen vê um efeito quádruplo desse colossal milagre: 1) Levou muitos judeus, que antes eram hostis para com Jesus, a crerem nele (João 11:45). 2) Acrescentou mais amargura aos seus inimigos, que depois, numa sessão oficial do Sinédrio, tramam a morte de Cristo (João 11:46-54). 3) Causou grande inquietação entre as multidões na Páscoa em Jerusalém (João 11:55-57). 4) Fortaleceu a fé de Maria, Marta e dos discípulos (João 11:4,15,26,40).[1]

A AMIZADE

No meio do deserto de hostilidades enfrentado por Jesus em Jerusalém, havia um oásis em Betânia. Betânia, cidade próxima a Jerusalém, era ponto de chegada de Jesus quando Ele ia à Judeia participar das festas no templo. Ali moravam os irmãos Lázaro, Marta e Maria, amigos de Jesus. Agora, essa família enfrenta um grave problema, uma enorme aflição. Vejamos.

---

[1] HENDRIKSEN, William. *João*, p. 523.

Em primeiro lugar, *uma enfermidade grave*. Lázaro, irmão de Marta e Maria, estava enfermo. O amor de Jesus por ele não manteve longe de sua vida a doença, nem a amizade de Jesus o blindou das dificuldades. Lázaro, mesmo sendo amigo de Jesus, ficou doente. Ele piorou e chegou a morrer. Concordo com Charles Erdman quando ele diz que a amizade de Jesus não nos isenta dos sofrimentos desta vida, mas nos garante sua simpatia e alívio nas dores.[2]

Há momentos em que somos bombardeados por problemas que escapam ao nosso controle: enfermidades, perdas, prejuízos e luto. Oramos, e nada acontece. Aliás, as coisas pioram. Queremos alívio, e a dor aumenta. Queremos subir e afundamos ainda mais. As crises produzem angústia. Quando a enfermidade chega a nossa casa, ficamos profundamente angustiados. Nessas horas, nossa dor aumenta, pois nossa expectativa era receber um milagre, e ele não chega.

Em segundo lugar, *um pedido urgente*. Marta e Maria enviam um mensageiro a Jesus pedindo ajuda. Apenas lhe informam que aquele a quem Jesus amava estava enfermo. Basearam-se no amor de Jesus por Lázaro, e não no amor de Lázaro por Jesus. Nada mais era necessário acrescentar, pois quem ama tem pressa em socorrer a pessoa amada. Elas tinham plena convicção de que Jesus seria solícito em atender prontamente ao seu rogo. Elas sabiam que Jesus mudaria sua agenda e as atenderia sem demora.

---

[2]ERDMAN, Charles. *O evangelho de João*, p. 87.

Porém, o fato de sermos amados por Jesus não nos dá imunidades especiais. O Pai amava o Filho, mas permitiu que Ele bebesse o cálice do sofrimento e morresse na cruz em nosso lugar. O fato de Jesus nos amar não nos torna filhos prediletos. O amor de Jesus não nos garante imunidade especial contra tragédias, mágoas e dores. Jesus não prometeu imunidade especial, mas imanência especial. Nunca nos prometeu uma explicação; prometeu a si mesmo, aquele que tem todas as explicações.

Jesus poderia ter impedido que Lázaro ficasse doente e também poderia tê-lo curado a distância. Ele já havia curado o filho do oficial do rei a distância (João 4:46-54). Por que não curou seu amigo a quem amava? A atitude de Jesus parece contradizer o seu amor.

Em terceiro lugar, *uma resposta misteriosa*. Jesus diz: "Essa doença não é para a morte, mas para a glória de Deus, para que o Filho de Deus seja glorificado por meio dela" (João 11:4). Com essa resposta, Jesus não está dizendo que Lázaro não morreria nem que morreria apenas para ser ressuscitado, demonstrando, desse modo, a glória de Deus. Ao receber a notícia, Jesus sabia que Lázaro já havia morrido. O que Ele está dizendo é que a essa enfermidade não se seguiria um triunfo ininterrupto da morte; antes, ela seria um motivo para a manifestação da glória de Deus, na vitória da ressurreição e da vida.[3] A glória de

---

[3] ERDMAN, Charles. *O evangelho de João*, p. 87.

Deus refulge nessa subjugação da morte.[4] O amor de Jesus por Lázaro e suas irmãs não impediu que eles passassem pelo vale da morte, mas lhes trouxe vitória sobre a morte. Concordo com as palavras de Charles Erdman a respeito:

> Quando a tribulação assedia um crente, é perigoso afirmar que o seu propósito é algum benefício, ou que o seu motivo é alguma bênção futura. Os propósitos de Deus estão além de nossa compreensão; o sofrimento é um mistério que nem sempre podemos desvendar. Mas é absolutamente certo que, para um amigo de Jesus, o resultado do sofrimento será algum bem eterno, alguma manifestação da glória de Deus.[5]

Em quarto lugar, *uma demora surpreendente*. Como conciliar a nossa necessidade com a demora de Jesus? (João 11:6,39). A distância entre Betânia e o lugar em que Jesus estava era de 32 quilômetros. Levava um dia de viagem. O mensageiro enviado pelas irmãs gastou um dia para chegar até Jesus. Logo que o mensageiro saiu de Betânia, Lázaro morreu. Quando ele deu a notícia a Jesus, Lázaro já estava morto e sepultado. Mas Jesus demora mais dois dias. E gasta outro dia para chegar. Daí, quando chegou, Lázaro já estava sepultado havia quatro dias.

---

[4]BOOR, Werner de. *Evangelho de João II*, p. 24.
[5]ERDMAN, Charles. *O evangelho de João*, p. 87.

Jesus se alegrou por não estar em Betânia antes da morte de Lázaro (João 11:15). Ele deu graças ao Pai por isso (João 11:41b). Jesus sempre agiu de acordo com a agenda do Pai. Ele sabe a hora certa de agir. Ele age segundo o cronograma do céu, e não segundo a nossa agenda. Ele age no tempo do Pai, e não segundo a nossa pressa. Quando Ele parece demorar, está fazendo algo maior e melhor para nós. Marta e Maria pensaram que Jesus tinha chegado atrasado, mas Ele chegou na hora certa, no tempo oportuno de Deus (João 11:21,32). Jesus não chega atrasado. Ele não falha. Não é colhido de surpresa. Ele conhece o fim desde o princípio, o amanhã desde o ontem. Ele enxerga o futuro desde o passado. Jesus sabia que Lázaro estava doente e depois que Lázaro já estava morto. Ele tardou a ir porque sabia o que ia fazer.

Marta precisou lidar não apenas com a doença do irmão, mas também com a demora de Jesus. Perguntas surgiram em sua mente: Por que Ele não veio? Será que Ele virá? Será que Ele nos ama mesmo? Muitos passaram a censurar a demora de Jesus. Marta oscilou entre a fé e a lógica. Pois como entender as palavras de Jesus: "Essa doença não é para a morte, mas para a glória de Deus, para que o Filho de Deus seja glorificado por meio dela" (João 11:4), se, quando o mensageiro a entregou a Jesus, Lázaro já havia morrido? Charles Erdman explica esse ponto muito bem quando escreve:

> Jesus não demorou para dar tempo a que Lázaro morresse. Este já havia morrido e estava sepultado,

quando Jesus recebeu o recado. O Senhor chegou a Betânia no quarto dia (11:17,39): um dia gastou-o na viagem, outro levara o mensageiro na sua, e dois passara nosso Senhor no lugar, depois que recebeu a notícia. Ele sabia que Lázaro estava morto.[6]

Contudo, por que Jesus demorou mais dois dias? Havia uma crença entre os rabinos que um morto poderia ressuscitar até o terceiro dia por intermédio de um agente divino. A partir do quarto dia, porém, apenas Deus, pessoalmente, poderia ressuscitá-lo. Ao ressuscitar Lázaro no quarto dia depois do sepultamento, os judeus precisariam se curvar diante da realidade irrefutável da divindade de Jesus.[7]

A CORAGEM

O clima em Jerusalém estava absolutamente desfavorável para Jesus. Ele havia se retirado exatamente para não acirrar ainda mais os ânimos dos judeus radicais, que queriam sua prisão e sua morte. Agora, Jesus resolveu voltar à Judeia, o pivô central da crise, o miolo da tempestade. Destacamos alguns pontos nesse sentido.

Em primeiro lugar, *uma ameaça real*. Os discípulos alertam Jesus sobre o perigo inevitável que eles enfrentariam, caso

---

[6]ERDMAN, Charles. *O evangelho de João*, p. 88.
[7]BRUCE, F. F. *João*, p. 209-210.

voltassem para a Judeia. Jerusalém não era mais um lugar seguro. Ir para lá era colocar o pé na estrada da morte.

Em segundo lugar, *uma explicação oportuna*. Jesus animou seus discípulos a entenderem que o lugar mais seguro onde estar é o centro da vontade de Deus e o lugar mais vulnerável, ainda que seguro, é fora da vontade de Deus. Quando nos dispomos a fazer a obra de Deus, no tempo de Deus, ainda que enfrentemos toda sorte de oposição, encontramos o sorriso do Pai, e aí está nossa máxima segurança.

Em terceiro lugar, *uma informação importante*. Jesus comunicou a seus discípulos a morte de Lázaro e sua disposição de ir a Betânia para ressuscitá-lo. Os discípulos não entenderam a linguagem de Jesus, e o Senhor explicou-lhes que a aparente demora tinha o propósito de fortalecer-lhes a fé. Nesse contexto, crer significa tirar o olhar de nós, de todas as nossas possibilidades e esperanças, e dirigi-lo a Jesus.[8]

A morte dos crentes é frequentemente comparada ao sono (Gênesis 47:30; Mateus 27:52; Atos 7:60). Quem dorme, acorda. A morte não é definitiva. A morte não tem a última palavra. A morte não é um adeus, mas apenas um até logo! A Palavra de Deus diz que, para o crente, morrer é lucro (Filipenses 1:21), é bem-aventurança (Apocalipse 14:13), é deixar o corpo e habitar com o Senhor (2Coríntios 5:8), é partir para estar com Cristo, o que é incomparavelmente melhor (Filipenses 1:23). Obviamente, isso não significa o "sono da alma". Embora a alma

---

[8]BOOR, Werner de. *Evangelho de João II*, p. 26.

esteja adormecida para o mundo que deixou (Jó 7:9; Eclesiastes 9:6), está desperta em seu mundo (Lucas 16:19-31; 23:43; 2Coríntios 5:8; Filipenses 1:21-23; Apocalipse 7:15-17; 20:4).

A EXPECTATIVA DE MARTA

A casa de Marta e Maria estava cheia de parentes e amigos não apenas da aldeia de Betânia, mas também de pessoas vindas de Jerusalém. Conforme o costume oriental, essas pessoas cumpriam a obrigação das exéquias e do consolo durante uma semana. Os judeus, portanto, ainda estavam consolando as duas irmãs enlutadas, quando Marta soube que Jesus estava chegando. E, com Jesus, chegavam a esperança e o consolo. Concordo com Werner de Boor quando ele diz que somente Jesus possui a capacidade de consolar por ocasião da morte, pois só Ele é a Ressurreição e a Vida.[9] Como era próprio de sua personalidade irrequieta, Marta saiu ao encontro de Jesus, enquanto Maria ficou em casa com os amigos. Destacamos alguns pontos a seguir.

Em primeiro lugar, *Marta entre a decepção e a fé*. Marta vai ao encontro de Jesus com uma declaração que trazia uma ponta de decepção e ao mesmo tempo uma grande demonstração de fé: "Senhor, se estivesses aqui, meu irmão não teria morrido. Mas sei que, mesmo agora, Deus te concederá tudo quanto lhe pedires" (João 11:21-22). William Barclay ressalta que, quando

---

[9] BOOR, Werner de. *Evangelho de João II*, p. 27.

Marta se encontra com Jesus, foi seu coração que falou através de seus lábios.[10] Marta lamenta a demora, mas crê que Jesus, em resposta à oração a Deus, pode reverter a situação humanamente irremediável. Vale destacar que Marta ainda não tem plena consciência de que Jesus é o próprio Deus.

Em segundo lugar, *Marta entre o passado e o futuro*. Jesus não está preso às categorias do nosso tempo. Marta crê no Jesus que poderia ter evitado a morte (João 11:21), ou seja, intervindo no passado. Marta crê no Jesus que ressuscitará os mortos no último dia (João 11:23-24), ou seja, agindo no futuro. Mas Marta não crê que Jesus possa fazer um milagre agora, no presente. Marta vacila entre a fé (João 11:22) e a lógica (João 11:24). Somos assim também. Não temos dúvida de que Jesus realizou prodígios no passado. Não temos dúvida de que Ele fará coisas extraordinárias no futuro, no fim do mundo. Mas nossa dificuldade é crer que Ele opera ainda hoje com o mesmo poder.

Ah, se tudo fosse diferente: passado e futuro! O grande erro do "Ah, se fosse diferente" de Marta foi omitir o poder presente do Cristo vivo. Marta vivia no passado ou no futuro. Mas é no presente que o tempo toca a eternidade. Não podemos viver apenas de lembranças que já se passaram nem apenas das promessas que permanecem no futuro. Precisamos crer hoje. Jesus não foi nem será. Ele é a Ressurreição e a Vida. O Deus que fez ontem é o Deus que faz hoje. Ele não está preso

---

[10] BARCLAY, William. *Juan II*, p. 104.

às categorias humanas. Ele não está sujeito ao tempo. O nosso Deus está assentado no trono e faz todas as coisas conforme o conselho de sua vontade (Efésios 1:11)! Jesus não é o grande Eu Era nem o grande Eu serei. Ele é o grande Eu sou.

Em terceiro lugar, *Marta afirma sua fé em Jesus*. Marta confirma sua fé inabalável em Jesus, confessando que Ele é o Cristo, o Filho de Deus, que deveria vir ao mundo.

A PROMESSA

O ensino essencial de todo esse episódio está contido na promessa de Jesus: "Eu sou a Ressurreição e a Vida; quem crê em mim, mesmo que morra, viverá; e todo aquele que vive, e crê em mim, jamais morrerá" (João 11:25-26).[11] Jesus já havia falado repetidas vezes sobre a ressurreição no último dia (João 5:21,25-29; 6:39-40). Quanto a isso, Ele estava de acordo com o judaísmo de sua época. Mas ao afirmar a ressurreição, Ele também insiste em que apenas Ele, sob a autoridade do Pai, poderia ressuscitar os mortos no último dia.[12]

A declaração de Jesus tem, embutida em si, duas afirmações. Embora sejam paralelas, não são sinônimas.[13] Vejamos cada uma delas.

Em primeiro lugar, *Jesus é a ressurreição*, portanto, "quem crê em mim, mesmo que morra, viverá". Apenas Jesus tem

---

[11] ERDMAN, Charles. *O evangelho de João*, p. 89.
[12] CARSON, D. A., *The Gospel According to John*, p. 412.
[13] BRUCE, F. F. *João*, p. 211.

autoridade para ressuscitar mortos no último dia, sejam mortos espirituais, sejam mortos físicos. A ressurreição de pessoas, da morte espiritual para a vida em Cristo, durante esta era, antecipa a ressurreição do corpo, no fim desta era. Há um vínculo estreito entre as duas ressurreições. O fato de que aqui e agora os mortos são vivificados quando ouvem a voz do Filho de Deus é a garantia de que sua voz ressuscitará os mortos no último dia.[14] Nesse dia, quando a trombeta de Deus ressoar e quando Jesus vier em sua majestade e glória, na companhia de seus poderosos anjos, todos os mortos, salvos e perdidos, ouvirão sua voz e sairão dos túmulos, uns para a ressurreição da vida e outros para a ressurreição do juízo.

F. F. Bruce afirma:

> Isto é mais do que um anúncio da ressurreição geral no último dia; é uma precisão da ressurreição do próprio Jesus e a certeza de que os que nele creem, estando unidos a Ele pela fé, participarão da sua vida ressurreta mesmo experimentando a morte no corpo.[15]

A ressurreição de Cristo é o seu brado de triunfo. Os grilhões da morte não puderam retê-lo. Ele arrancou o aguilhão da morte e a matou com a sua própria morte, pois ressuscitou

---

[14] BRUCE, F. F. *João*, p. 123.
[15] BRUCE, F. F. *João*, p. 121.

dentre os mortos como primícias daqueles que dormem. Agora a morte não tem mais a última palavra. Ela foi vencida e tragada pela vitória de Cristo. Jesus é a Ressurreição e a Vida. Aquele que nele crê não está mais debaixo do jugo da morte, o rei dos terrores, mas passou da morte para a vida. Não precisamos mais ter medo do amanhã, pois a morte não é o ponto final da existência. Caminhamos não para uma sepultura coberta de pó, mas para a gloriosa ressurreição. Nosso destino não é uma noite eterna de escuridão, mas a cidade santa, o paraíso de Deus, onde o Cordeiro será a sua lâmpada. Receberemos um corpo imortal, incorruptível, poderoso, glorioso, celestial, semelhante ao corpo da glória de Cristo. Porque Jesus vive pelo poder da ressurreição, e nós viveremos nele.

Em segundo lugar, *Jesus é a vida*, portanto, "todo aquele que vive, e crê em mim, jamais morrerá". Essa afirmação nos ensina duas verdades.

- *Jesus tem vida em si mesmo.* Todos os seres que existem foram criados por Deus e, por isso, dependem de Deus. Jesus, assim como o Pai, não deriva sua vida de ninguém. Ele é autoexistente. Está além da criação. Existe desde a eternidade. É o Pai da eternidade, o criador de todas as coisas. John MacArthur tem razão ao dizer que ninguém pode dar aos outros o que falta em si mesmo. Assim, nenhum pecador pode gerar por si mesmo vida eterna nem concedê-la a outrem. Somente Deus possui vida em

si mesmo, e Ele garante essa vida a todos aqueles a quem Ele quer, por meio de seu Filho.[16]
- *Jesus tem poder para dar vida eterna.* A vida eterna é oferecida a todos aqueles que creem nele. Esses jamais serão condenados. Ao contrário, recebem a vida eterna, uma vez que já passaram da morte para a vida. Nem é necessário para o crente esperar até o último dia a fim de experimentar um pouco da vida da ressurreição: o crente tem a vida eterna e não vai a julgamento, mas já passou da morte para a vida.[17]

O MILAGRE

Após conversar com Marta e Maria, e se entristecer com elas, Jesus foi ao sepulcro, "que era uma gruta com uma pedra na entrada" (João 11:38). Jesus não tem compaixão apenas; tem também poder. Ele não apenas sente os nossos dramas, mas também tem poder para resolvê-los. A ressurreição de um morto é um milagre maior que a cura de um enfermo, e a ressurreição de um morto sepultado por quatro dias é uma demonstração indiscutível do poder daquele que é a Ressurreição e a Vida. Destacamos a seguir alguns pontos a respeito.

Em primeiro lugar, *uma ordem expressa*. A ordem é clara: "Tirai a pedra" (João 11:39). Só Jesus tem o poder para

---

[16] MACARTHUR, John. *The MacArthur New Testament commentary*, p. 197.
[17] CARSON, D. A. *O comentário de João*, p. 256.

ressuscitar um morto. Isso Ele faz. Mas tirar a pedra e desatar o homem que está enfaixado, isso as pessoas podem fazer, e Ele ordena que façam. Jesus chama a Lázaro da sepultura. Se Jesus não tivesse mencionado o nome de Lázaro, todos os mortos sairiam do túmulo. Mas Lázaro, mesmo morto, pôde ouvir a voz de Jesus. No dia final, na segunda vinda de Cristo, os mortos também ouvirão a sua voz e sairão do túmulo (João 5:28-29).

Em segundo lugar, *uma interferência incrédula*. Marta, oscilando entre a fé em Cristo e a impossibilidade humana, interfere na agenda de Jesus, dizendo que agora era tarde demais. Ela sabia que Jesus já havia ressuscitado a filha de Jairo e o filho da viúva de Naim, mas, agora, Lázaro era um cadáver em decomposição.

Em terceiro lugar, *uma correção necessária*. Jesus corrige Marta e ao mesmo tempo a encoraja a crer. A fé vê o que os olhos humanos não conseguem enxergar. A fé é o telescópio que amplia diante dos nossos olhos o fulgor da glória de Deus. A incredulidade nos impede de ver a manifestação plena do ser divino. Jesus disse: "Se creres, verás a glória de Deus". Jesus quer não apenas que encontremos a solução, mas que nos tornemos a solução. Em vez de duvidar, questionar e lamentar, Marta deveria crer. A porta do milagre é aberta com a chave da fé.

A dúvida é inimiga da fé. Aquele que duvida é inconstante como as ondas do mar. A fé é a certeza de coisas que se esperam, a convicção de fatos que não se veem (Hebreus 11.1). A fé enxerga o invisível, toca o intangível e toma posse do impossível. Tudo é possível ao que crê (Marcos 9.23). A incredulidade agiganta os problemas e apequena Deus. A incredulidade atrai a derrota e afasta a vitória. Pela fé, porém, vencemos o mundo! O pecador é salvo pela fé; o justo vive pela fé, caminha de fé em fé e vence pela fé.

Não somos chamados a duvidar, mas a crer. A dúvida produz tormento; a fé proporciona descanso. A dúvida transtorna a alma; a fé traz bonança. A dúvida nos empurra para a vala da incredulidade; a fé nos eleva às alturas da confiança. A dúvida nos deixa ao sabor das tempestades; a fé nos leva ao porto seguro da salvação.

Em quarto lugar, *uma oração de ação de graças*. Jesus dá graças ao Pai porque sua oração já tinha sido ouvida. O milagre que Ele vai operar já estava na agenda do Pai. O milagre consolidará a fé dos discípulos e despertará a cartada final da incredulidade. Ao mesmo tempo que tiraram a pedra e olharam para dentro do túmulo, Jesus olhou para cima e orou (João 11:41). Ao enfrentar o mau cheiro de um túmulo aberto, Jesus orou. Como Jesus orou? Quando o milagre aconteceu? Quando Jesus deu graças? Não foi depois, mas antes de o milagre acontecer.

Em quinto lugar, *um milagre extraordinário*. A voz de Jesus é poderosa. Até um morto a escuta e a obedece. Lázaro ouve, atende e sai da caverna da morte. Ele sai todo enfaixado, coberto da mortalha. Jesus ordena que o desatem e o deixem ir. Lázaro agora estava vivo, mas com vestes mortuárias. Seus pés, suas mãos e seu rosto estavam enfaixados. Precisamos nos despir das vestes da velha vida. Precisamos nos revestir das roupagens do novo homem. Precisamos ajudar uns aos outros a remover as ataduras que nos prendem. Precisamos ajudar uns aos outros a remover as ataduras do passado. Somos uma comunidade de cura, restauração e cooperação.

O PROPÓSITO DO MILAGRE

Jesus tinha três propósitos bem claros com esse extraordinário milagre.

Em primeiro lugar, *a manifestação da glória de Deus*. Tudo o que Jesus ensinou e fez mirava a glória de Deus. A glória do Pai era o seu maior projeto de vida. Ele veio revelar o Pai. Veio para mostrar como é o coração de Deus. Ele nunca fugiu desse ideal. A morte de Lázaro foi uma oportunidade para que o Pai fosse glorificado. A ressurreição de um morto é um milagre maior do que a cura de um enfermo. A ressurreição de um morto de quatro dias é maior do que a ressurreição de alguém que acabou de morrer.

A coisa mais importante em nossa vida não é sermos poupados dos problemas, mas glorificarmos a Deus em tudo o que somos e fazemos. Quando somos confrontados pela doença e até mesmo pela morte, nosso único encorajamento é saber que vivemos pela fé e para a glória de Deus.

Em segundo lugar, *o despertamento da fé*. O milagre não é um fim em si mesmo. Tem o propósito de abrir portas para a fé salvadora e avenidas para uma confiança maior em Deus. Os milagres de Cristo sempre tiveram um propósito pedagógico de revelar verdades espirituais. Quando multiplicou os pães, queria ensinar que Ele é o Pão da Vida. Quando curou o cego de nascença, queria ensinar que Ele é a Luz do Mundo. Quando ressuscitou Lázaro, queria ensinar que Ele é a Ressurreição e a Vida. Jesus tinha o propósito de fortalecer a fé de seus discípulos (João 11:15). Tinha o propósito de fazer Marta crer, antes de ver a glória de Deus (João 11:26,40). Tinha o propósito de despertar fé salvadora nos judeus que estavam presentes junto ao túmulo de Lázaro (João 11:42). Tinha o propósito de proclamar que a vida futura só pode ser alcançada pela fé nele e que a morte não tem a última palavra para aqueles que nele creem (João 11:25-26).

Em terceiro lugar, *a sua entrega pela morte*. Na última aparição de Jesus na Judeia, os judeus queriam apedrejá-lo (João 10:38-42; 11:8). Tomé entende que a ida de Jesus a Jerusalém era caminhar para a própria morte (João 11:16). Todos sabem do risco que Jesus corre na Judeia. Marta encontra Jesus fora de casa (João 11:20) e chama Maria em secreto (João 11:28). Havia uma orquestração nos bastidores para levá-lo à morte. Quando Jesus ressuscitou Lázaro, muitos judeus creram nele (João 11:45). Outros, porém, saíram para entregá-lo ao conselho do Sinédrio (João 11:46-48,53,57). Os judeus resolveram matar não apenas Jesus, mas também Lázaro (João 12:9-11). Quando Jesus foi a Betânia, estava disposto a glorificar o Pai em dois aspectos: primeiro, pelo milagre da ressurreição de

Lázaro e, segundo, pela sua disposição de cumprir o plano do Pai de dar a sua vida em resgate do seu povo (João 17:1). Os membros do Sinédrio pensaram que eles é que estavam no controle da situação, orquestrando a prisão de Jesus. Mas isso fazia parte do plano de Deus. A morte de Cristo não era apenas uma orquestração dos homens, mas também, e sobretudo, o plano do Pai (Atos 2:23).

CONCLUSÃO

Jesus veio ao mundo para morrer e, com sua morte, matar a morte. Jesus veio para tirar o aguilhão da morte e triunfar sobre ela. A morte, o rei dos terrores, não pôde detê-lo. Jesus descerrou seu túmulo de dentro para fora, abrindo o caminho para todos os que nele creem, como as primícias de todos os que dormem. Ele é a vida, porque todo aquele que nele crê, mesmo que morra fisicamente, jamais morrerá eternamente. A morte, agora, não tem mais a última palavra. Ela foi tragada pela vitória avassaladora e inconfundível de Cristo. Um dia, todos os mortos ouvirão sua voz e sairão dos seus túmulos, uns para a ressurreição da vida e outros para a ressurreição do juízo. Não precisamos mais temer a morte. Não precisamos mais temer o futuro. Não precisamos mais temer a eternidade. Para aquele que crê em Cristo, a morte é lucro, pois morrer é deixar o corpo e habitar com o Senhor; é partir para estar com Cristo, o que é incomparavelmente melhor.

Capítulo seis

EU SOU O CAMINHO, A VERDADE E A VIDA

Respondeu-lhe Jesus:

Eu sou o Caminho, e a Verdade, e a Vida;

ninguém vem ao Pai senão por mim.

João 14:6

JOÃO 13 A 17 É A MENSAGEM de despedida de Jesus para seus discípulos amados. A partir de agora, Jesus não se dirige mais ao povo, às multidões, ao mundo como um todo, mas apenas aos seus discípulos. A porta da oportunidade para o povo estava fechada. O ministério público de Jesus havia chegado ao fim.

Jesus já estava à sombra da cruz. Jerusalém estava com as ruas apinhadas de gente. Cada família já se preparava para imolar o cordeiro e celebrar a Páscoa. Foram duas as razões que levaram Jesus a escolher essa data. Em primeiro lugar, o cordeiro da Páscoa era o mais vívido tipo de Cristo em toda a Bíblia. Segundo, a Páscoa era a festa onde todo o povo se reunia em Jerusalém. Sua morte seria pública. Os sacerdotes já se preparavam para a grande festa que marcava a saída do povo do cativeiro do Egito, quando Deus libertou o seu povo pelo sangue do Cordeiro.

Jesus se recolhe com os Doze a um cenáculo para com eles comer a Páscoa, instituir a ceia, seu memorial, revelar aos discípulos seu amor incomparável e prepará-los para a separação que sabe estar próxima.[1] Nessa noite, Jesus será traído. Seu

---

[1] ERDMAN, Charles. *O evangelho de João*, p. 105.

ministério público finda-se. O dia seguinte testemunhará sua angústia e sua morte.

PALAVRAS DE DESPEDIDA

O clima era de muita tensão. Lá fora, os principais sacerdotes, mancomunados com os fariseus, tramavam a morte de Jesus. Depois de tantos milagres e tão profundos ensinamentos, os judeus permaneciam incrédulos ou, na melhor das hipóteses, com uma fé deficiente. No recôndito do cenáculo, Jesus confronta o orgulho de seus discípulos, lavando seus pés (João 13:4-20). Depois, desmascara Judas Iscariotes, apontando-o como traidor (João 13:21-30). Se não bastassem todos esses acontecimentos, Jesus comunica a seus discípulos que partirá e que eles não poderão segui-lo (João 13:31-35). Quando Pedro se dispõe a dar a própria vida, Jesus o admoesta dizendo que essa coragem toda se tornaria pó diante da prova, e Pedro o negaria três vezes naquela mesma noite (João 13:36-38).

Jesus estava se despedindo dos seus discípulos. Aquela era a quinta-feira do Getsêmani, a quinta-feira do suor de sangue, a quinta-feira da traição de Judas, a quinta-feira da negação de Pedro, a quinta-feira da prisão de Jesus.

William Hendriksen diz que os discípulos estavam: 1) *tristes*, em razão da iminente partida de Cristo e da esmagadora solidão que os atingia; 2) *envergonhados*, em razão do egoísmo que haviam evidenciado, perguntando quem era o maior entre eles; 3) *perplexos*, em razão da predição de que Judas trairia

Jesus, Pedro o negaria e os demais ficariam dispersos; 4) *vacilantes* na fé, pensando: "Como o Messias pode ser alguém que será traído?"; 5) *angustiados*, diante das aflições, açoites, perseguições, prisões e torturas que enfrentariam pela frente.[2]

D. A. Carson diz que é Jesus quem está se dirigindo para a agonia da cruz; é Jesus quem está profundamente perturbado no coração (João 12:27) e no espírito (João 13:21). Todavia, nessa noite das noites, o momento crucial de todos os tempos que seria apropriado para os seguidores de Jesus lhe darem apoio emocional e espiritual, Ele ainda é o único que se doa, que conforta e que instrui.[3]

CONSOLO PARA O CORAÇÃO ATRIBULADO

Jesus conforta seus discípulos dizendo: "Não se perturbe o vosso coração. Crede em Deus, crede também em mim" (João 14:1). Dessa declaração podemos destacar dois ensinamentos.

- Primeiro, *não deveriam manter o coração perturbado*. O coração aqui é o eixo em torno do qual giram os sentimentos e a fé, bem como a mola mestra das palavras e ações.[4] A alma deles é uma tempestade. John Charles Ryle diz que coração turbado é a coisa mais comum no mundo. Esse problema atinge pessoas de todos os estratos sociais,

---

[2] HENDRIKSEN, William. *João*, p. 647.
[3] CARSON, D. A. *O comentário de João*, p. 487.
[4] HENDRIKSEN, William. *João*, p. 647.

de todos os credos religiosos e de todas as faixas etárias. Nenhuma tranca consegue manter fora de nossa vida essa dor. Um coração pode ficar turbado pelas pressões que vêm de fora ou pelos temores que vêm de dentro. Até mesmo os cristãos mais consagrados precisam beber muitos cálices amargos entre a graça e a glória.[5]

- Segundo, *deveriam crer nele como criam em Deus*. Da mesma maneira que os discípulos criam em Deus como seu refúgio no denso nevoeiro da vida, deveriam crer também em Cristo. Com isso, Jesus reafirma sua divindade. Mas o que significa crer em Jesus?

A forma do verbo no indicativo e no imperativo significa: "Já que vocês confiam em Deus, continuem confiando em mim". Essa não é apenas uma fé intelectual — um assentimento racional não pode nos ajudar na hora da tempestade. Essa também não é apenas uma fé intelectual e emocional — esse é o tipo de fé dos demônios: eles creem e estremecem. Essa, finalmente, não é fé na fé. Muitos dizem: "Ah! Eu tenho uma grande fé". Confiam na fé que têm, e não no grande Deus. A fé em Cristo não é um salto no escuro. Confiar em Deus e no seu Filho é crer, confessar e descansar no seu poder, na sua sabedoria, na sua providência, no seu amor e na sua salvação.

A fé em Cristo é o remédio para a doença do coração turbado. As crises vêm. Os problemas aparecem. As

---

[5]RYLE, John Charles. *John*, p. 55.

tempestades ameaçam. Os ventos contrários conspiram contra nós, mas "continuem crendo em mim", aconselhou Jesus. As sombras cairão sobre nós. A perseguição virá. A cruz é inevitável, mas "continuem confiando em mim", exortou Jesus. As prisões e os açoites nos alcançarão. O sofrimento e a morte nos apanharão, mas "continuem confiando em mim", instruiu Jesus. A solidão, a crise financeira, a doença, o luto, a dor, as lágrimas, os vales profundos, as noites escuras virão, mas "continuem confiando em mim", conclamou Jesus. A cruz será um espetáculo horrendo, os homens me cuspirão no rosto e me pregarão na cruz, mas "continuem confiando em mim", declarou Jesus. A fé em Jesus é o único remédio para um coração turbado. A fé olha para Jesus, e não para a tempestade. A fé ri das impossibilidades. A fé triunfa nas crises.

JESUS PROMETE VOLTAR

Jesus continua a consolar seus discípulos com estas palavras: "Na casa de meu Pai há muitas moradas; se não fosse assim, eu vos teria dito; pois vou preparar-vos lugar. E, se eu for e vos preparar lugar, virei outra vez e vos levarei para mim, para que onde eu estiver estejais vós também" (João 14:2-3).

Jesus conforta seus discípulos dizendo-lhes que a separação é momentânea, mas a comunhão em glória será eterna, pois Ele partirá, mas voltará. A partida de Jesus é para o bem dos discípulos. É verdade que Ele está indo embora, mas está indo para preparar um lugar para eles; virá e os levará para que estejam onde Ele está. Concordo com as palavras de D. A. Carson: "Quando Jesus fala de ir preparar lugar, não se trata de Ele entrar em cena e, depois, começar a preparar o terreno; ao contrário, no contexto da teologia joanina, é o próprio ato de ir, via cruz e ressurreição, que prepara o lugar para os discípulos".

Diante das provas, das tribulações e do sofrimento, precisamos levantar a cabeça e olhar para a recompensa final. Na jornada cristã, há sofrimento, dor e cruz, mas o fim desse caminho é a glória, o céu. A nossa leve e momentânea tribulação produz para nós eterno peso de glória. O sofrimento do tempo presente não pode ser comparado com as glórias por vir a serem reveladas em nós. Olhar para a frente, para a recompensa, para a herança imarcescível, para a pátria eterna, para o lar celestial, nos capacita a triunfar sobre as turbulências da vida.

Jesus certamente voltará. Ele prometeu: "Eu voltarei. Venho sem demora. Eis que cedo venho. Vigiai para que este dia não vos apanhe de surpresa" (Lucas 21:36; Apocalipse 3:11). Jesus voltará pessoalmente. O mesmo que subiu é o que voltará. Jesus voltará visivelmente. Todo olho o verá. Todas as nações se lamentarão sobre Ele. Ele virá com o clangor da trombeta de Deus. Será o evento mais estupendo da história. Será o dia do fim. Jesus voltará gloriosamente. A última palavra não será do mal. A verdade triunfará sobre a mentira. O ímpio não prevalecerá na congregação dos justos, mas será disperso como a palha. A igreja triunfará com Cristo. Quando a voz do arcanjo soar e a trombeta de Deus ressoar, Cristo aparecerá nas nuvens como relâmpago, com poder e muita glória. Jesus matará o anticristo com o sopro da sua boca. Ele julgará as nações. Lançará os ímpios e o Diabo no lago de fogo.

Jesus virá em majestade e glória para buscar sua noiva. Então, Ele enxugará dos nossos olhos toda lágrima. Receberemos um corpo imortal, incorruptível, poderoso, glorioso e celestial, semelhante ao corpo de sua glória. Jesus, então, desposará sua igreja, bela como a lua, pura como o sol e adornada como noiva gloriosa. Então, entraremos com Ele para a festa das bodas, no paraíso de Deus, nele nos deleitaremos e com Ele reinaremos pelos séculos eternos. Essa festa acontecerá no melhor lugar, o céu. Terá as melhores companhias, os anjos e os remidos. Terá a melhor música, entoada pelos anjos e por todos aqueles que foram lavados no sangue do Cordeiro. Oh, que consolo saber que o melhor está pela frente! Que não caminhamos para um fim triste, mas para um fim glorioso e apoteótico!

A CASA DO PAI

Como Jesus descreve o céu?

Em primeiro lugar, *o céu é a casa do Pai*. O céu é onde se encontra o trono de Deus. Lá estão as hostes de anjos e a incontável assembleia dos santos glorificados. O céu é a nossa pátria. Lá está o nosso tesouro, o nosso galardão, a nossa herança incorruptível. No céu, Deus enxugará as nossas lágrimas. No céu, entoaremos um novo cântico ao Cordeiro pelos séculos dos séculos.

Os filhos de Deus estarão lá. Se o céu é a casa do Pai, significa que o céu é o nosso lar. Aqui no mundo somos estrangeiros, mas no céu estaremos em casa, na casa do Pai. O céu é lugar de segurança, pois lá não entrará maldição. Lá não há gente doente, aleijada, ferida, oprimida. Lá não há cortejo fúnebre. A casa do Pai é o lugar onde somos sempre bem-vindos. A casa do Pai é onde todos os filhos são tratados sem preconceito, sem acepção.

Em segundo lugar, *o céu é o lugar onde há muitas moradas*. No fim de sua vida, exilado na ilha de Patmos, o apóstolo e evangelista João foi chamado para ver a Cidade Santa, a Nova Jerusalém (Apocalipse 21:9). Essa cidade gloriosa tem características singulares. Primeiro, é bonita por fora, pois a glória de Deus esparge sua luz sobre ela. Segundo, é bonita por dentro, pois no seu fundamento há doze tipos de pedras preciosas. Terceiro, é edificada sobre o fundamento dos apóstolos, ou seja, sua estrutura repousa sobre a verdade de Deus. Quarto, sua praça é de ouro puro, como de cristal transparente, ou seja, nela não há nada poluído. Quinto, é uma cidade aberta a todos, pois há portas desobstruídas para o norte e para o sul, para o leste e para o oeste. Na Cidade Santa entrarão aqueles que procedem de toda a tribo, povo, língua e nação. Sexto, não é uma cidade aberta a tudo, pois nela não entrará nada contaminado. Os pecadores remidos pelo sangue do Cordeiro entrarão por suas portas, mas o pecado não terá acesso a ela.

Mui frequentemente, as igrejas de hoje são abertas a tudo, mas não a todos. Franqueiam suas portas ao pecado e fecham-nas aos pecadores. Sétimo, é suficientemente espaçosa para abrigar todos os que creem. As dimensões dessa cidade são únicas. Ela mede 2.400 km tanto de comprimento, quanto de largura e de altura. Mesmo sendo essas medidas tomadas de forma simbólica, descrevem que na Casa do Pai há muitas moradas, suficientes para abrigar todos aqueles que creram em Jesus. No céu, há lugar para todos os filhos de Deus. No céu, não teremos apenas moradas, mas também morada permanente.

Em terceiro lugar, *o céu é o lugar preparado para um povo preparado*. Nós não compramos esse lugar no céu. Nós não o merecemos. Esse lugar nos é dado como presente. É graça, pura graça. Jesus preparou esse lugar na cruz, na sua morte, ressurreição, ascensão e intercessão. Lá na cruz, Jesus abriu-nos um novo e vivo caminho para Deus. Ele é o Caminho, a Verdade e a Vida, e ninguém pode ir ao Pai senão por Ele. Ele entrou no céu como o nosso precursor. Ele entrou na glória primeiro, abrindo-nos a fila como irmão primogênito. Estamos a caminho da glória!

Em quarto lugar, *o céu é o lugar onde teremos comunhão eterna com Cristo*. A maior glória do céu é estarmos com Cristo para sempre e sempre. Vamos contemplar o seu rosto, servi-lo e exaltá-lo. A eternidade inteira não será suficiente para nos deleitarmos nele, para exaltarmos sua majestade. Cristo será o centro da nossa alegria no céu. Lá veremos Jesus como Ele é. Lá não haverá dor, nem luto, nem tristeza. Lá esqueceremos as agruras desta vida. Lá não faremos perguntas. Lá nossa alegria será completa.

Em quinto lugar, *o céu é o lugar onde teremos plena comunhão uns com os outros*. No céu, seremos uma só família, um só rebanho, uma só igreja, uma só noiva do Cordeiro. Vamos nos conhecer. Vamos nos relacionar em pleno e perfeito amor. No céu vamos abraçar os patriarcas, os profetas, os apóstolos e os entes queridos que nos antecederam.

JESUS É O CAMINHO PARA IRMOS AO PAI

Jesus havia dito aos discípulos que iria partir e que eles não poderiam ir com Ele (João 13:36). Agora, assegura que eles sabem o caminho para onde Ele vai (João 14:4). Isso provoca uma pergunta imediata de Tomé: "Senhor, não sabemos para onde vais. Como podemos saber o caminho?" (João 14:5). A resposta de Jesus é uma das mais importantes declarações registradas nos Evangelhos: "Eu sou o Caminho, a Verdade e a Vida; ninguém vem ao Pai senão por mim" (João 14:6).

Essa frase contém três declarações a respeito da pessoa de Jesus.

- *Jesus é o caminho exclusivo para Deus*. Os judeus falavam muito sobre o caminho em que os seres humanos deveriam andar e sobre os caminhos de Deus. Deus disse a Moisés: "Cuidado, então, para fazerdes como o Senhor, vosso Deus, vos ordenou: não vos desviareis nem para a direita nem para a esquerda. Andareis conforme o Senhor, vosso Deus, vos ordenou, para que vivais, estejais bem e tenhais vida longa na terra que ireis possuir" (Deuteronômio 5:32-33). A Isaías, Ele disse: "Quando vos desviardes para a direita ou para a esquerda, os teus ouvidos ouvirão uma palavra atrás de ti, dizendo: Este é o caminho, andai nele" (Isaías 30:21). O salmista disse: "Senhor, ensina-me teu caminho e guia-me por uma vereda plana, por causa dos que me espreitam" (Salmos 27:11).[6]

D. A. Carson diz que o teste para saber se os judeus dos dias de Jesus realmente conheciam Deus por meio da revelação das Escrituras estaria na resposta que dessem à revelação suprema do Pai, o próprio Jesus Cristo, a quem as Escrituras apontavam.[7]

No Sermão do Monte, Jesus apresenta dois caminhos de vida: "larga é a porta e espaçoso o caminho que conduz à perdição, e são muitos os que entram por ela; pois a porta é estreita, e o caminho que conduz à vida, apertado, e são poucos os que a encontram" (Mateus 7:13-14). Só há dois caminhos: o estreito e o largo. Um nos leva para cima; o outro nos arrasta para baixo. O primeiro é o caminho da vida; o segundo é o caminho da morte. O caminho estreito nos leva ao céu; o caminho largo desemboca no inferno. Muitos preferem o caminho largo, no qual

---

[6]BARCLAY, William. *Barclay's Daily Study Bible*.
[7]CARSON, D. A. *The Gospel According to John*, p. 489.

há muitas aventuras e nenhuma exigência. Poucos escolhem o caminho da vida. Este é estreito, e nele há muitos perigos. É o caminho da renúncia e do arrependimento, do novo nascimento e da santidade. Esse caminho não é popular, mas é seguro, pois conduz à salvação. Quem sobe por Ele evita o inferno embaixo. Esse caminho não é um conceito filosófico nem mesmo um dogma religioso. É uma pessoa divina, é Jesus.

Jesus é o caminho para Deus, precisamente porque Ele é a verdade de Deus e a vida de Deus. Jesus não está, com isso, dizendo que seus discípulos devem trilhar seus passos e andar pelo mesmo caminho que Ele andou. Jesus diz que Ele é o caminho. Ele é o Salvador, o Cordeiro de Deus, aquele que se faz ouvir pelos mortos em seus sepulcros, como Lázaro. Ele media a verdade de Deus e a vida de Deus, de modo que não há outra pessoa que possa dizer "Ninguém chega ao Pai, a não ser por mim".[8] Sem Cristo, não há nenhuma verdade redentora, nenhuma vida eterna; portanto, nenhum caminho para o Pai.[9]

John Charles Ryle diz que Jesus é o Caminho para o céu. Ele não é apenas o Guia, o Mestre e o Legislador como Moisés. Ele é pessoalmente a Porta, a Escada e a Estrada através de quem nos aproximamos de Deus. Ele nos abriu o caminho da árvore da vida, que foi fechada

---

[8] CARSON, D. A. *O comentário de João*, p. 491.
[9] HENDRIKSEN, William. *João*, p. 655.

quando Adão e Eva caíram. Pelo seu sangue, temos plena confiança para entrar na presença de Deus. Jesus é a verdade, toda a substância da verdadeira religião. Sem Ele, o ser humano mais sábio está mergulhado em trevas. Jesus é toda a verdade, a única verdade que satisfaz os anseios da alma humana. Jesus é a vida. Nele estava a vida. Ele veio para trazer vida, e vida em abundância.[10]

- *Jesus é a verdade de Deus.* No Evangelho de João, Jesus é a própria personificação da verdade. Dessa forma, para que seus discípulos conhecessem a verdade, "eles precisam não só ouvir suas palavras, mas de alguma forma estar unidos com aquele que é a verdade".[11]

Em João 1:14, o evangelista anuncia que "o Verbo se fez carne e habitou entre nós, pleno de graça e de verdade". Nesse versículo, João emprega um vocábulo bastante significativo para descrever Jesus. No grego, há duas palavras para definir "verdade". A primeira delas é *alethes*, que significa "verdadeiro em oposição a falso". A outra palavra é *alethinos*, que significa "real ou genuíno em oposição a irreal". Esse é o termo usado por João. Jesus é a luz genuína que veio alumiar e esclarecer a humanidade. Jesus é a única luz genuína, a luz verdadeira, que guia as pessoas em seu caminho.[12] Esses dois grandes conceitos,

---

[10] RYLE, John Charles. *John*, p. 66.
[11] DODD, C. H., *The Interpretation of the Fourth Gospel*, p. 178, citado em: BRUCE, F. F., *João*, p. 173
[12] BARCLAY, William. *Juan I*, p. 61.

graça e verdade, não podem estar separados. A graça sem a verdade seria enganosa, e a verdade sem a graça seria condenatória.[13] Em Cristo, eles estão em plena harmonia. F. F. Bruce diz que Jesus "é a corporificação da graça e da verdade".[14]

- *Jesus é a vida*. A vida eterna é conhecer o único Deus (João 17:3). A vida eterna consiste em "conhecer". Conhecer aqui não é uma mera adoção de ideias corretas sobre Deus, mas um apreender essencial mediante uma entrega plena e um relacionamento vivo. Não reconhecemos primeiro Deus e em segundo lugar Jesus Cristo, mas em Jesus encontramos o único Deus vivo e verdadeiro. Inúmeras pessoas em todo o mundo encontram em Jesus Cristo o verdadeiro Deus e, por consequência, a vida eterna.[15]

Fica, portanto, evidente que a vida eterna é mais do que um tempo interminável nos recônditos da eternidade. Bruce Milne diz corretamente que a vida eterna é, em essência, qualidade de vida em vez de quantidade de vida. Vida eterna não é essencialmente uma vida que jamais se finda, mas o conhecimento daquele que é eterno.[16] A vida eterna é um relacionamento íntimo e profundo com Deus, num deleite inefável do seu amor para

---

[13] WIERSBE, Warren W. *Comentário bíblico expositivo*, p. 369.
[14] BRUCE, F. F. *João*, p. 49.
[15] BOOR, Werner de. *Evangelho de João II*, p. 130.
[16] MILNE, Bruce. *The message of John*, p. 240.

EU SOU O CAMINHO, A VERDADE E A VIDA

todo o sempre. Não é apenas conhecimento teórico, mas relacionamento íntimo. A vida eterna é experimentar o esplendor, a alegria, a paz e a santidade que caracterizam a vida de Deus. É claro que a vida eterna não é apenas uma experiência futura, mas presente; denota existência infinda, sim, mas igualmente uma felicidade celestial.[17] A vida eterna é conhecer Deus por meio de Jesus. Ele é o mediador que veio nos reconciliar com o Pai. Deus estava em Cristo reconciliando consigo o mundo (2Coríntios 5:18). A vida eterna não é um prêmio das obras, mas uma comunhão profunda com Jesus por toda a eternidade.

Quando olhamos para Cristo, quando cremos nele e confiamos no que Ele fez por nós, então somos salvos e recebemos a vida eterna. Aí acontece o novo nascimento. O reino de Deus pode ser visto ou adentrado por intermédio da obra salvadora de Cristo na cruz, recebida pela fé; assim, experimenta-se o novo nascimento, e a vida se inicia.[18]

Jesus é a verdade que alimenta a nossa mente, a vida que satisfaz a nossa alma e o único caminho seguro para Deus. Como o caminho, Jesus é o caminho de Deus para o ser humano — todas as bênçãos divinas descem do Pai por meio do Filho — e o caminho do ser humano para

---

[17] ERDMAN, Charles. *O evangelho de João*, p. 127.
[18] CARSON, D. A. *O comentário de João*, p. 203.

Deus. Como a verdade, Ele é a realidade última em contraste com as sombras que o precederam, além de ser aquele que se opõe à mentira, a fonte fidedigna da revelação redentora, a verdade que liberta e santifica. Como a vida, Jesus é aquele que tem vida em si mesmo, é a fonte e o doador da vida, aquele que veio para que tenhamos vida em abundância.[19]

Tomás de Kempis lança luz sobre essas palavras de Jesus quando escreve:

> Sigam-me. Eu sou o caminho e a verdade e a vida. Não é possível andar fora do caminho, não é possível conhecer fora da verdade, não é possível viver fora da vida. Eu sou o caminho pelo qual vocês devem andar; a verdade em que vocês devem crer; a vida na qual vocês devem pôr a esperança. Eu sou o caminho inerrante, a verdade infalível, a vida infindável. Eu sou o caminho reto, a verdade absoluta, a vida verdadeira, bendita, não criada. Se vocês permanecerem no meu caminho conhecerão a verdade, e a verdade os libertará, e tomarão posse da vida eterna.[20]

---

[19] HENDRIKSEN, William. *João*, p. 653-654.
[20] KEMPIS, Tomás de. *Imitação de Cristo*, 56:1 citado em BRUCE, F.F., *João*, p. 257.

CONCLUSÃO

A penúltima declaração de Jesus acerca de sua identidade foi pronunciada no cenáculo, quando Ele estava reunido apenas com seus discípulos. O clima era muito tenso. Lá fora o Sinédrio tramava a morte de Jesus. Ali dentro Jesus falava a respeito de sua partida para o Pai. Os discípulos estavam muito tristes e desolados. Jesus os confortou falando-lhes sobre a casa do Pai, a sua volta para buscá-los, o seu amor incondicional e o derramamento do Espírito. Tomé quis saber o caminho para onde Jesus iria. Jesus, então, respondeu: *Eu sou o Caminho, a Verdade e a Vida*. Jesus não mencionou apenas um fim, mas, sobretudo, um processo. Se estamos em Jesus, estamos no caminho. Se já encontramos Jesus, nossa mente está satisfeita. Se temos Jesus, já encontramos a vida. Jesus é o caminho de volta para Deus. Ele mesmo, por intermédio de sua morte e ressurreição, abriu-nos um novo e vivo caminho para Deus. Jesus é a verdade que ilumina nossa mente e aquece nosso coração. Não é uma verdade entre tantas; é a verdade eterna, suficiente para esclarecer nossa mente e satisfazer nossa alma. Jesus é a vida, a vida verdadeira, abundante e eterna. Somente nele, nosso coração encontra o porto seguro. Somente nele, nossa alma dessedenta sua sede. Somente nele, desfrutamos vida maiúscula e superlativa. Ele veio para nos dar vida, e vida em abundância.

Capítulo sete

EU SOU
A VIDEIRA
VERDADEIRA

*Eu sou a Videira Verdadeira,
e meu Pai é o agricultor.*

João 15:1

AQUI ESTÁ O SÉTIMO e último "Eu sou" de Jesus. Já havia dito: "Eu sou o Pão da Vida"; "Eu sou a Luz do Mundo"; "Eu sou a porta"; "Eu sou o Bom Pastor"; "Eu sou a Ressurreição e a Vida"; "Eu sou o Caminho, a Verdade e a Vida". Agora Ele diz: "Eu sou a Videira Verdadeira".

Neste texto, Jesus usa a metáfora da videira para falar de seu estreito relacionamento com seus discípulos. Charles Swindoll diz que, no trecho de João 15:1-11, no qual desenvolve a metáfora da videira, Jesus destaca o relacionamento do crente com Cristo. O termo chave é "permanecer", usado dez vezes nos onze versículos.[1]

A METÁFORA DA VIDEIRA

D. A. Carson diz que, no Antigo Testamento, a videira era um símbolo comum para Israel, o povo da aliança de Deus. Mais notável ainda é o fato de que, sempre que o Israel histórico é referido sob essa metáfora, enfatiza-se o fracasso da videira em produzir bom fruto, junto com a correspondente ameaça do julgamento de Deus sobre a nação. Em contraste com tal fracasso, Jesus declara: "Eu sou a *Videira Verdadeira*", isto é, aquela para

---

[1] SWINDOLL, Charles. *Insights on John*, p. 255.

a qual Israel apontava, aquela que produz bom fruto. Jesus, em princípio, já substituiu o templo, as festas judaicas, Moisés, vários lugares santos; nesse ponto, Ele substitui Israel como o próprio local do povo de Deus. A Videira Verdadeira não é, portanto, o povo apóstata, e sim o próprio Jesus, e aqueles que são incorporados a Ele.[2]

Na metáfora da videira, Jesus mostra quão profundamente estamos ligados a Ele: "Eu sou a Videira Verdadeira, e meu Pai é o agricultor. Todo ramo que está em mim e não dá fruto, Ele o corta; e todo ramo que dá fruto, Ele o limpa, para que dê mais fruto" (João 15:1-2). Hendriksen diz que essa unidade é moral, mística e espiritual.[3] A união mística com Cristo, ilustrada pela união entre o pastor e as ovelhas, a cabeça e o corpo, o noivo e a noiva, o fundamento e o edifício, recebe agora uma nova imagem, a videira e os ramos. Trata-se de uma união orgânica, vital e profunda.

Ao expor essa vívida metáfora, Jesus trata de quatro assuntos que enriquecem nosso entendimento acerca de nosso estreito relacionamento com Ele.

Em primeiro lugar, *a videira*. Em todo o Antigo Testamento, Israel é apresentado como a videira, a vinha do Senhor. Deus a plantou e a cercou com cuidados, mas Israel produziu uvas bravas. Então, agora, Jesus diz: "Eu sou a Videira Verdadeira" (João 15:1).

---

[2]CARSON, D. A. *O comentário de João*, p. 514.
[3]HENDRIKSEN, William. *João*, p. 690.

Em segundo lugar, *os ramos*. Sozinho, um ramo é frágil, infrutífero e imprestável, servindo apenas para ser queimado (Ezequiel 15:1-8). O ramo não é capaz de gerar a própria vida; antes, deve obtê-la a partir da videira. De igual forma, é nossa união vital com Cristo que nos permite dar frutos.[4]

Em terceiro lugar, *o agricultor*. O trabalho do agricultor é cuidar da videira, a fim de que seus ramos produzam muitos frutos. Para isso, o agricultor tutoreia, limpa e poda os ramos. O agricultor poda os ramos de duas maneiras: a primeira é limpando e cortando os ramos para que sejam renovados; a segunda, é removendo os ramos secos e sem vida para lançá-los fora e queimá-los.[5]

Em quarto lugar, *os frutos*. O propósito de uma videira não é produzir madeira nobre, lenha ou sombra, como outras árvores. Tampouco a videira é uma planta ornamental. O único propósito da videira é produzir frutos. Concordo com William Hendriksen quando ele diz que esses frutos são os bons motivos, desejos, disposições (virtudes espirituais), palavras e obras — tudo isso com origem na fé, em harmonia com a lei de Deus e feito para a sua glória.[6]

O propósito precípuo de Jesus aqui é mostrar que o Pai está trabalhando na vida dos discípulos que permanecem em Cristo a fim de que produzam muitos frutos. Os discípulos são os ramos, e a finalidade dos ramos que permanecem ligados a

---

[4]WIERSBE, Warren W. *Comentário bíblico expositivo*, p. 457.
[5]WIERSBE, Warren W. *Comentário bíblico expositivo*, p. 458.
[6]HENDRIKSEN, William. *João*, p. 691.

Cristo é produzir frutos. Se eles não permanecem em Cristo, não fazem parte da videira, da família, da igreja, do rebanho; secam e são lançados no fogo e queimados. Deus, como viticultor, espera de nós frutos.

VIDEIRAS PRODUTIVAS

Nessa metáfora, Jesus falou sobre quatro tipos de produção dos ramos:

1) nenhum fruto (João 15:2);
2) fruto (João 15:2);
3) mais fruto (João 15:2);
4) muito fruto (João 15:8).

Qual é a importância de produzir frutos? Jesus diz: "eu vos escolhi e vos designei a ir e dar fruto, e fruto que permaneça" (João 15:16). Estamos aqui para produzir frutos para Deus e dar glória ao seu nome através de uma vida frutífera.

Qual é o nível de produção de frutos dos cristãos?

- Primeiro, *nenhum fruto*. Muitos estudiosos da Bíblia interpretam João 15:2 uma afirmação de que um crente que não produz fruto não é um cristão verdadeiro, ou seja, sua ligação com Cristo é apenas aparente. Esses estudiosos acreditam que tais pessoas estão ligadas a Cristo apenas por um ritual ou pela membresia em uma igreja, sem jamais terem nascido de novo. São pessoas que não têm a graça de Deus no coração. A união delas com Cristo é nominal, e não real. Têm o nome de que vivem, mas estão mortas. Onde não há fruto, não há vida.

Outros, porém, interpretam que "cortar" significa "perder a salvação". Mas o ponto central do versículo é "está em mim". É impossível estar em Cristo sem ser cristão. É impossível estar em Cristo e perder a salvação.

A. W. Pink argumenta que uma tradução mais clara da palavra grega *airo* não seria "cortar", mas "tomar" ou "levantar". Esse mesmo verbo é utilizado em outro lugar com significado diferente de "cortar", como podemos ver em Mateus 14:20 ("recolher"); Mateus 27:32 ("levar") e João 1:29 ("tirar"). Na verdade, das 24 ocorrências do verbo *airo* no Evangelho de João, em 8 vezes, o sentido é de "tomar" ou "levantar".[7]

Bruce Wilkinson diz que tanto na literatura grega como nas Escrituras, *airo* não significa apenas "cortar", mas também "levantar".[8] Edward Robinson destaca que *airo* significa prioritariamente "levantar, erguer, elevar", como pedras (João 8:59), serpentes (Marcos 16:18), âncoras (Atos 27:13).[9] Charles Swindoll, nessa mesma linha de pensamento, aponta que o verbo grego *airo*, traduzido aqui por "cortar", deve ser primariamente entendido como "levantar do chão". Embora João tenha usado

---
[7] PINK, A. W. *Exposition of the gospel of John*, p. 337.
[8] WILKINSON, Bruce. *Segredos da vinha*, p. 36.
[9] ROBINSON, Edward. *Léxico grego do Novo Testamento*, p. 21-22.

o termo *airo* tanto no sentido de "cortar" (João 11:39,48; 16:22; 17:15) como de "levantar" (João 5:8-12; 8:59), nossa preferência deve ser por "levantar", uma vez que um viticultor jamais corta os ramos durante a estação do crescimento. Ao contrário, Ele ergue os ramos que caem e amarra-os junto aos demais. A imagem do "cortar e lançar fora" só será introduzida no versículo 6.[10]

O termo "levantar" sugere a imagem de um agricultor se abaixando para erguer um galho. É muito comum o viticultor amarrar os ramos da videira a fim de que eles não cresçam para baixo e percam sua vitalidade de produção. Os galhos novos tendem ir para baixo e a crescer perto do chão. Mas ali eles não produzem fruto. Quando os galhos crescem junto ao chão, as folhas ficam cobertas de poeira. Quando chove, ficam cheias de lama e mofam. O galho, então, adoece e fica inútil.

O que o agricultor faz com o ramo que cresce junto ao chão? Corta-o e joga-o fora? Absolutamente não! O ramo é muito valioso para ser cortado. Ele precisa ser lavado, levantado e amarrado de volta aos outros ramos, e logo começará a frutificar. Quando um cristão cai, Deus não o joga fora nem o abandona. Levanta-o, limpa-o e ajuda-o novamente a vicejar. Para o cristão, o pecado é como a

---

[10] SWINDOLL, Charles. *Insights on John*, p. 257.

sujeira que cobre as folhas da parreira. O ar e a luz não conseguem penetrar, e o fruto não se desenvolve.[11]

Como o divino viticultor nos levanta do pó? Como Ele faz um galho estéril produzir fruto? A metáfora de Jesus traz a lume o importante propósito da disciplina na vida do cristão. A disciplina tem por objetivo levantar o caído a fim de que ele frutifique para a glória Deus. Embora seja um ato doloroso, é também, e sobretudo, um ato de amor. A disciplina não é agradável nem para o filho nem para o Pai, mas é a demonstração de um amor responsável. É o método de Deus para tirar o caído da esterilidade. As Escrituras dizem que Deus toma a iniciativa de corrigir os filhos que se desviam, assim como o viticultor toma as medidas necessárias para corrigir um galho desviado (Hebreus 12:5,6). Mostram, ainda, que o projeto de Deus na disciplina não é provocar dor, mas produzir fruto. A disciplina não precisa ser contínua. Tão logo o galho deixa de se arrastar pelo chão, tão logo o crente se arrepende, a disciplina cessa. Deus não espera que você procure a disciplina. Ele quer que você saia dela (Hebreus 12:11). A Palavra de Deus é decisiva em declarar que, sem disciplina não somos filhos, mas bastardos. Deus sempre disciplina aqueles que não produzem fruto. É aí que você troca o cesto vazio por cachos suculentos de uva (Hebreus 12:8).

---

[11] WILKINSON, Bruce. *Segredos da vinha*, p. 36-37.

A Bíblia menciona três graus da disciplina divina.

- Primeiro, *a correção* (Hebreus 12:5). A correção ou repreensão é uma advertência verbal. Deus nos adverte por meio de sua Palavra e de sua providência.
- Segundo, *a reprovação* (Hebreus 12:5). A reprovação é um grau mais avançado na disciplina. Quando o filho não atende à repreensão verbal, ele é reprovado.
- Terceiro, *o açoite* (Hebreus 12:6). Quando o filho não atende à advertência nem se corrige após ser reprovado, o próximo passo é o açoite, o chicote, o castigo físico.

Deus não descarta seus filhos. Aqueles que tropeçam e caem não são lançados fora, como coisa imprestável. É como ocorre na casa de um ferreiro. Há três tipos de ferramentas. O primeiro tipo é a sucata. São ferramentas enferrujadas, quebradas, aparentemente imprestáveis. O segundo tipo é a ferramenta que está na bigorna. O ferreiro pega a sucata e a coloca no fogo, depois a açoita na bigorna, moldando-a e afiando-a para tornar-se valorosa e útil. O terceiro tipo de ferramenta é a que está afiada e pronta para ser usada. Deus não desiste de seus discípulos, como o ferreiro não desiste da sucata nem o viticultor desiste do ramo que caiu.

- Segundo, *fruto e mais fruto*. Depois que Jesus contou aos discípulos como o viticultor cuida do ramo estéril, Ele falou sobre o ramo que demonstrava crescimento desordenado, produzindo apenas alguns cachos de uvas (João 15:2). O viticultor sabe que, para conseguir mais frutos da vide, é preciso ir contra a tendência natural da planta. Por causa da tendência da vinha em crescer vigorosamente, muitos galhos têm de ser cortados a cada ano. As parreiras podem ficar tão densas que a luz solar não alcança a área em que o fruto deve formar-se. Deixada livre, a parreira sempre favorecerá mais crescimento de folhagem do que de uvas.

É por essa razão que o viticultor corta os brotos desnecessários, independentemente de quanto pareçam vigorosos, pois o único propósito da vinha são as uvas.[12] William Hendriksen diz com razão que o propósito dessa limpeza diária na vida dos filhos de Deus é torná-los progressivamente mais frutíferos. Aquele que produziu trinta por um provavelmente pode produzir sessenta ou até mesmo uma centena.[13]

Um viticultor usa quatro expedientes na poda: 1) remove os brotos mortos e prestes a morrer; 2) garante que o sol chegue aos galhos cheios de frutos; 3) corta a folhagem luxuriante que impede a produção de frutos; 4) corta os brotos desnecessários, independentemente de quanto pareçam viçosos. Como viticultor, Deus segue o

---

[12] WILKINSON, Bruce. *Segredos da vinha*, p. 63.
[13] HENDRIKSEN, William. *João*, p. 692.

mesmo processo conosco: Ele corta as partes da nossa vida que nos roubam a vitalidade e nos impedem de frutificar. O viticultor procura tanto a quantidade como a qualidade.

A poda é o meio que Deus usa em nossa vida para frutificarmos mais. A disciplina tem que ver com o pecado, e a poda tem que ver com a nossa vida. A disciplina é para nos corrigir e nos levar de volta para o caminho; a poda é para sermos mais produtivos. Deus nos disciplina quando estamos fazendo algo errado; Deus nos poda quando estamos fazendo algo certo. Deus nos disciplina para darmos fruto; Ele nos poda para darmos mais frutos. Na disciplina, o que precisa ser retirado é o pecado; na poda, o que precisa ser retirado é o eu.[14] A disciplina termina quando nos arrependemos do pecado; a poda só terminará quando Deus concluir sua obra em nós na glorificação.

Os cristãos mais frutíferos são aqueles que mais têm sido podados pela tesoura de Deus. Os viticultores podam as vinhas com maior frequência com o passar dos anos. Sem a poda, a planta enfraquece, a colheita diminui. Deus jamais aplicaria a poda se um método mais suave provocasse o mesmo resultado. Nem toda experiência dolorosa resulta de poda. A dor da poda vem agora, mas o fruto virá depois.

---

[14] WILKINSON, Bruce. *Segredos da vinha*, p. 67.

- Terceiro, *muito fruto*. O segredo para a vida frutífera é permanecer em Cristo. Nesses onze versículos, o verbo "permanecer" aparece dez vezes. Esse é o pensamento central de Jesus. O segredo para uma vida transbordante não é fazer mais por Jesus, mas estar mais com Jesus. O desafio da permanência é passar dos deveres para um relacionamento vivo com Deus.

PERMANECER

Nos comentários finais de Jesus sobre a vinha, Ele desviou totalmente a atenção de seus discípulos da atividade para o relacionamento com Ele. Depois da disciplina para remover o pecado, depois da poda para mudar as prioridades, agora Jesus diz que o segredo da vida abundante é permanecer nele:

> Quem não permanece em mim é jogado fora e seca, à semelhança do ramo. Esses ramos são recolhidos, jogados no fogo e queimados. Se permanecerdes em mim, e as minhas palavras permanecerem em vós, pedi o que quiserdes, e vos será concedido. Meu Pai é glorificado nisto: em que deis muito fruto; e assim sereis meus discípulos. Como o Pai me amou, assim também eu vos amei; permanecei no meu amor. Se obedecerdes aos meus mandamentos, permanecereis no meu amor; do mesmo modo que eu tenho obedecido aos mandamentos de meu Pai e permaneço no seu amor. Eu vos tenho dito essas coisas

para que a minha alegria permaneça em vós, e a vossa alegria seja plena (João 15:6-11).

Jesus é a videira, o tronco no qual o galho precisa buscar sua seiva para frutificar. Quanto maior a conexão do ramo com o tronco, maior é a capacidade de produção desse ramo. A vida, a força, o vigor, a beleza e a fertilidade do ramo estão na sua permanência no tronco. Em nós mesmos, não temos vida, nem força, nem poder espiritual. Tudo o que somos, sentimos e fazemos vem de Cristo. Ele é a fonte. Jesus disse: "Sem mim, nada podeis fazer" (João 15:5). D. A. Carson é oportuno ao registrar:

> A partir dessa vida de oração frutífera, Jesus adverte, "Meu Pai é glorificado". No quarto Evangelho é mais comum o Filho ser glorificado; mas Deus também glorifica a si mesmo no Filho (12:28), e é glorificado em Jesus ou através dele (13:31; 14:13; 17:4). Desde que o fruto dos crentes seja uma consequência da obra redentora do Filho, o resultado da vida pulsante da videira (15:4), e a resposta do Filho às orações de seus seguidores (14:13), segue-se que a frutificação deles traz glória para o Pai através do Filho. Mais precisamente, a frutificação dos crentes é parte e parcela da forma com a qual o Filho glorifica seu Pai.[15]

---

[15] CARSON, D. A. *O comentário de João*, p. 518.

O propósito de Deus não é que você faça mais por Ele, mas que você escolha estar mais com Ele. "Permanecer" significa "ligar-se intimamente". Jesus nos ensina, aqui, oito verdades, como veremos a seguir.

1. *Permanecer em Cristo é um imperativo, e não uma opção.* Deus está mais interessado em nossa vida do que em nosso trabalho. Deus está mais interessado em relacionamento do que em atividade. Ele quer você mais do que suas obras. Permanecer não equivale a quanto você conhece de teologia, mas a quanto você tem sede de Deus. Ao permanecer, você busca, anseia, aguarda, ama, ouve e responde a Jesus. Permanecer significa ter mais de Jesus em sua vida, mais dele em suas atividades, seus pensamentos e desejos.

2. *Permanecer em Cristo é vital para a salvação.* Se um ramo não permanece na videira, esse ramo não tem vida; é lançado fora, jogado na fornalha e se queima. Jesus advertiu que, se uma videira deixasse de produzir fruto, sua madeira só serviria para ser lançada no fogo (Ezequiel 15:1-8). O fogo simboliza julgamento e atesta a inutilidade daquilo que ele consome.[16] William Hendriksen destaca os cinco elementos de punição para o ser humano que não está ligado a Cristo: (a) ele é lançado fora como um ramo; (b) ele seca. Embora essa pessoa possa ter uma vida

---

[16] CARSON, D. A. *O comentário de João*, p. 518.

prolongada, ela não tem paz (Isaías 48:22) nem alegria (Jl 1:12). Ele é "como árvores sem folhas nem fruto, duplamente mortas, cujas raízes foram arrancadas"; (c) seus ramos são apanhados (Mateus 13:30; Apocalipse 14:18); (d) ele é lançado no fogo (Mateus 13:41,42); (e) ele é queimado (Mateus 25:46).[17]

3. *Permanecer em Cristo é vital para produzir fruto*. Jesus disse: "O ramo não pode dar fruto por si mesmo [...] porque sem mim nada podeis fazer" (João 15:4-5). Fora da videira, o ramo é estéril e inútil. Contudo, quando o ramo está ligado à videira, sendo podado na hora certa, ele produz muito fruto. Mas levanta-se aqui uma questão: Qual é a natureza desse fruto? Obediência, novos convertidos, amor, caráter cristão? O propósito dos ramos é produzir muito fruto (João 15:5), porém o contexto nos mostra que esse fruto é consequência da oração, em nome de Jesus, e é para a glória do Pai (João 15:7,8,16). Concordo com D. A. Carson quando ele diz que o fruto, na metáfora da videira, representa tudo o que é produto de oração efetiva em nome de Jesus, incluindo a obediência aos mandamentos (João 15:10), a experiência da alegria (João 15:11), a paz (João 14:27), o amor de uns pelos outros (João 15:12) e o testemunho diante do mundo (João 15:16,27). Esse fruto não é nada menos que o resultado da perseverante dependência que o ramo tem da videira. Estou de acordo

---

[17] HENDRIKSEN, William. *João*, p. 695.

com as palavras de William Hendriksen: "Esperar que o homem frutifique sem que permaneça em Cristo é ainda mais estulto do que esperar que um ramo que foi cortado da videira produza uvas!".[18]

4. *Permanecer em Cristo é a evidência de que somos discípulos de Cristo.* Uma vida frutífera é a melhor evidência para o nosso coração de que somos realmente discípulos de Cristo. Jesus disse que se conhece a árvore pelo fruto. Uma árvore boa precisa produzir bons frutos, mais fruto (João 15:2) e muito fruto (João 15:5,8). A vitalidade da videira, Jesus Cristo, é enfatizada. Essa videira permite àqueles que nela permanecem produzir não só frutos, mas muito fruto.[19] Certa feita, Jesus estava indo para Jerusalém e teve fome. Olhou para uma figueira e viu muitas folhas. Foi procurar fruto e não achou. Aquela figueira anunciava fruto, mas não tinha fruto. Então, Jesus a fez secar. A árvore nunca mais produziu fruto. Fruto é o que o Senhor espera de nós, e não folhas. Ele não se contenta com aparência; Ele quer fruto.

5. *Permanecer em Cristo é vital para experimentar o fluir do amor de Deus.* Quando temos intimidade com Deus, sentimos quanto somos amados e então temos pressa para estar novamente na sua presença. Jesus deseja compartilhar a sua vida conosco.

---

[18] HENDRIKSEN, William. *João*, p. 694.
[19] HENDRIKSEN, William. *João*, p. 694.

6. *Permanecer em Cristo leva consigo a promessa da oração respondida*. A oração eficaz é fruto de um relacionamento profundo com Jesus. Werner de Boor diz que, quando as palavras de Jesus determinam todo o nosso comportamento e nos transformam em praticantes de seus mandamentos, preenchendo e formatando todo o nosso pensar, falar e agir, então estaremos verdadeiramente orando "em nome de Jesus" e, então, temos a promessa ilimitada de sermos atendidos.[20]

7. *Permanecer em Cristo é impossível sem obediência a Ele*. A desobediência sempre cria uma quebra no relacionamento com Deus. Você pode sentir emoção num culto no domingo, mas, se continuar a ter um estilo de vida pecaminoso durante a semana, jamais terá sucesso na permanência. Aquele que diz que ama a Cristo e não lhe obedece está enganando a si mesmo.

8. *Permanecer em Cristo é o caminho para a alegria*. Quando permanecemos em Cristo, produzimos muito fruto. O Pai é glorificado. E uma alegria indizível e cheia de glória enche o nosso coração.

CONCLUSÃO

Esta é a última declaração de Jesus acerca de sua identidade. Ele a proferiu quando estava no cenáculo, à sombra da cruz.

---

[20] BOOR, Werner de. *Evangelho de João II*, p. 104.

Em todo o Antigo Testamento, Israel foi chamado de a "vinha de Deus". O Senhor a plantou e cuidou dela. Porém, Israel produziu uvas bravas. Fracassou em sua missão. Deixou de ser luz para os povos. Deixou de ser uma bênção para o mundo. Deixou de ser a vinha de Deus para produzir frutos amargos.

Então, aqui Jesus afirma, categoricamente, que a verdadeira vinha de Deus não é Israel, mas Ele mesmo. Nós, seu povo, somos os ramos. Retiramos dele a seiva da vida. Dele vem o nosso poder. Sem Ele, nada podemos fazer. Nossa missão é estar nele e, estando nele, somos trabalhados por Deus, o agricultor, para darmos muito fruto. Ao produzirmos muito fruto, seremos reconhecidos como seus discípulos e, em nós, o Pai será glorificado.

É impossível produzir frutos à parte de Cristo. Quem não está nele não tem vida. Por isso, é cortado, jogado fora e queimado. Mas, quando estamos nele, nossa vida torna-se abundante, porque o poder para a frutificação procede dele, e não de nós mesmos. Se você já está produzindo fruto, pode produzir mais fruto ainda. O Pai cortará de sua vida tudo aquilo que o impede de concentrar-se na frutificação. A tesoura de Deus irá podar você, e não o destruir, a fim de capacitá-lo a ser ainda mais frutífero!

CONCLUSÃO

ANOS APÓS OS EVENTOS narrados em seu Evangelho, o apóstolo João era o único sobrevivente do colégio apostólico. Todos os demais apóstolos já haviam sido martirizados. Os tempos sombrios da perseguição haviam chegado desde que Nero assumira o trono como imperador de Roma em 54 d.C. Dez anos depois, o próprio Nero colocou fogo na capital do império e lançou sobre os cristãos a culpa desse grave delito. Naquele tempo, os cristãos passaram a ser queimados vivos nas estacas. Tito Vespasiano, que deportou os judeus no ano 70 d.C., também inaugurou o Coliseu Romano, entregando dez mil cristãos à morte na festa de inauguração dessa arena de suplício. Anos mais tarde, na época do imperador Domiciano, o apóstolo João foi deportado para a Ilha de Patmos, numa tentativa de calar sua voz. No entanto, quando todas as portas da terra estavam fechadas para João, o Senhor abriu-lhe uma porta no céu. Naquela ilha vulcânica, Deus abriu uma porta do céu para João e mostrou-lhe as coisas que deveriam acontecer no desdobrar da história.

O próprio Cristo da glória apareceu a João. Não era mais o Cristo angustiado que transpirava sangue no Getsêmani. Não era mais o Cristo espancado e cuspido no Sinédrio judaico. Não era mais o Cristo escarnecido, caminhando trôpego pelas ruas de Jerusalém sob as vaias de uma multidão ensandecida. Não era mais o Cristo pregado na cruz e suspenso entre a terra e o céu. Era o Cristo da glória, cuja cabeça era branca como a neve. Seus olhos se assemelhavam a chamas de fogo e seus pés pareciam de bronze polido. Sua voz era como de muitas águas e seu rosto brilhava como o sol em todo o seu fulgor. João caiu aos pés de Cristo, mas o Senhor o ergueu, dizendo: "Não temas; *eu sou o primeiro e o último*. Eu sou o que vive; fui morto, mas agora estou aqui, vivo para todo sempre e tenho as chaves da morte e do inferno" (Apocalipse 1:17-18).

Jesus é — não foi nem será. Não adoramos o Cristo que esteve vivo e está morto, mas o Cristo que esteve morto e está vivo pelos séculos dos séculos. Jesus Cristo é Deus, é o começo e fim absoluto. Falou na sarça com Moisés e em Patmos com João. Ele não é apenas o Pão da Vida, a água da vida, a Luz do Mundo, a porta, o Bom Pastor, a Ressurreição e a Vida, o Caminho, a Verdade e a Vida, a Videira Verdadeira. Ele é o Eu Sou. O Deus que tem vida em si mesmo. O Deus incausado e o causador de todas as coisas. Jesus é o próprio Deus autoexistente, eterno, imenso, infinito, imutável, onipotente, onisciente, onipresente e transcendente.

O ser humano precisa crer nele como o Eu sou. Sem Jesus, o ser humano perece em seus pecados. Sem colocar sua fé em

Jesus, o grande Eu Sou, o ser humano está condenado a morrer em seus pecados (João 8:22-24). Todos os seres humanos são cá de baixo, terrenos, mas Jesus é de cima, do céu, vem de Deus. Por isso, rejeitar Jesus é fechar a única porta da salvação. Não crer que ele é o Filho de Deus, a Luz do Mundo, é morrer em seus pecados. E morrer em pecado é a pior maneira de morrer, pois é não apenas morrer fisicamente, mas também ser banido eternamente da face de Deus para um lugar de trevas e ranger de dentes.

Por outro lado, quando cremos que Jesus é o próprio Deus, não precisamos temer o futuro, pois aquele que se assenta no trono do universo tem as rédeas da história nas mãos. O Cordeiro de Deus venceu para abrir o livro da história e conduzi-la à consumação. Ele matou a morte com sua própria morte e triunfou sobre ela em sua ressurreição. O Cordeiro vencedor está assentado no trono do universo e governa céus e terra.

REFERÊNCIAS BIBLIOGRÁFICAS

AMARAL, Joe. *Understanding Jesus*: Cultural Insights into the Words and Deeds of Christ. Ontario: Almond, 2009.

BARCLAY, William. *Barclay's Daily Study Bible*. Disponível em https://www.studylight.org/commentaries/eng/dsb.html. Acesso em 17 mai. 2023.

_____. *Juan I*. Buenos Aires: La Aurora, 1974.

_____. *Juan II*. Buenos Aires: La Aurora, 1974.

BOOR, Werner de. *Evangelho de João II*. Curitiba: Esperança, 2002.

_____. *Evangelho de João II*. Curitiba: Esperança, 2002.

BRUCE, F. F. *João:* Introdução e comentário. São Paulo: Vida Nova, 2000.

CARSON, D. A. *O comentário de João*. São Paulo: Shedd, 2007.

_____. *The Gospel According to John*. Downers Grove: IVP, 1991.

ERDMAN, Charles. *O evangelho de João*. São Paulo: Casa Editora Presbiteriana, 1965.

HENDRIKSEN, William. *João*. São Paulo: Cultura Cristã, 2004.

HENRY, Matthew. *Matthew Henry Comentário bíblico Novo Testamento*: Mateus-João. Rio de Janeiro: CPAD, 2010.

MACARTHUR, John. *The MacArthur New Testament Commentary*: John 1-11. Chicago: Moody Publishers, 2006.

MILNE, Bruce. *The Message of John*. Downers Grove: InterVarsity Press, 1993.

PINK, A. W. *Exposition of the gospel of John*. V. 3. Cleveland: Cleveland Bible Truth Depot, 1929.

RICHARDS, Larry. *Todos os milagres da Bíblia*. São Paulo: Vox Litteris, 2003.

RIENECKER, Fritz; ROGERS, Cleon. *Chave linguística do Novo Testamento*. São Paulo: Vida Nova, 1985.

ROBINSON, Edward. *Léxico grego do Novo Testamento*. Rio de Janeiro: CPAD, 2012.

RYLE, John Charles. *John*. V. 1. Grand Rapids: Banner of the Truth Trust, 1997.

SWINDOLL, Charles. *Insights on John*. Grand Rapids: Zondervan, 2010.

The Cambridge Bible for Schools and Colleges. Disponível em https://biblehub.com/commentaries/cambridge/. Acesso em 30 mai. 2023.

WIERSBE, Warren W. *Comentário bíblico expositivo*. V. 5. Santo André: Geográfica, 2006.

WILKINSON, Bruce. *Segredos da vinha*. São Paulo: Mundo Cristão, 2002.

Sua opinião é importante para nós.
Por gentileza, envie-nos seus comentários pelo e-mail:

editorial@hagnos.com.br

Visite nosso site:

www.hagnos.com.br